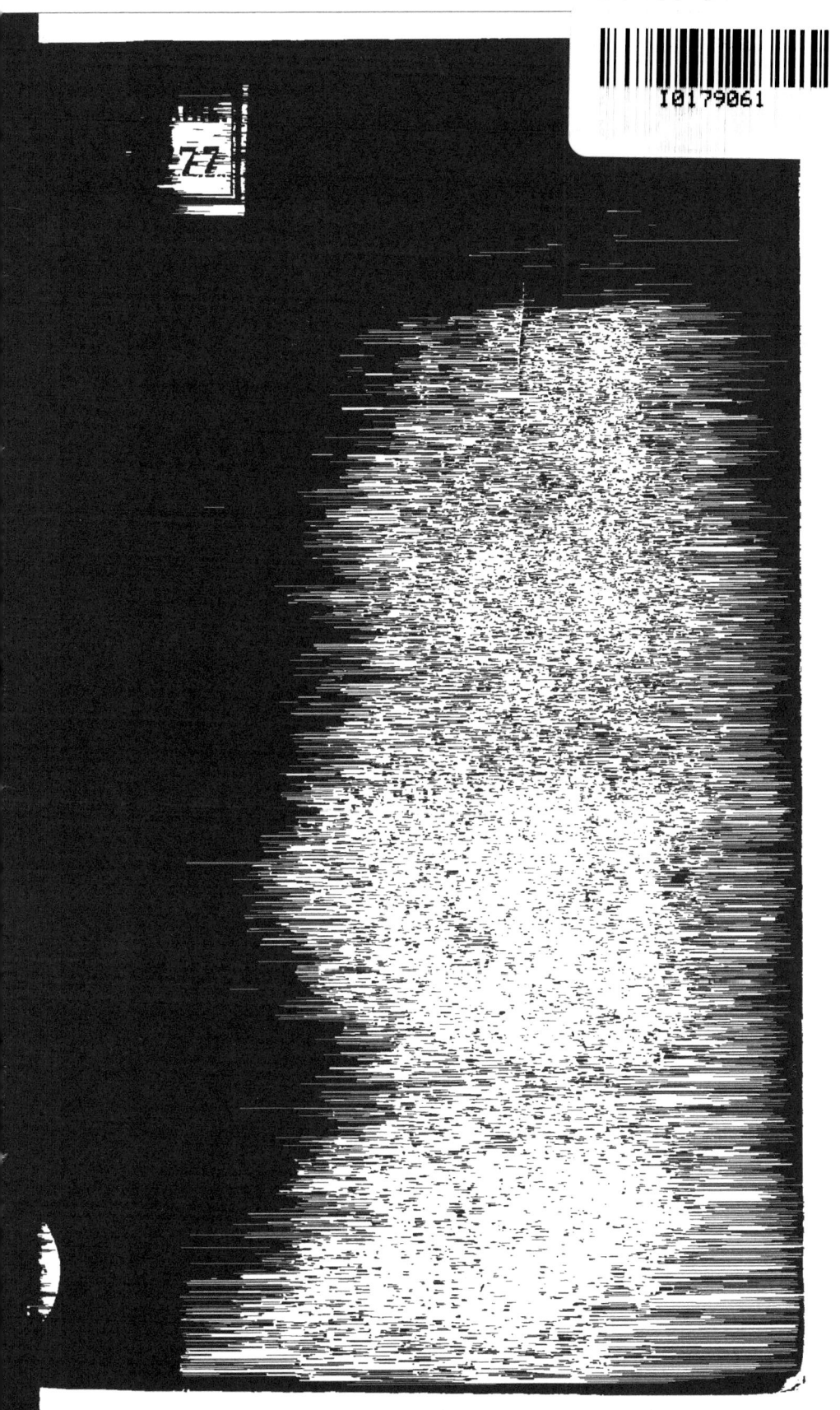

22777

CICÉRON.

DISCOURS SUR LES STATUES,

LATIN-FRANÇAIS EN REGARD.

TRADUCTION DE WAILLY,

REVUE ET CORRIGÉE.

PARIS.
IMPRIMERIE ET LIBRAIRIE CLASSIQUES
DE JULES DELALAIN,
Fils et Successeur d'Auguste Delalain,
RUE DES MATHURINS St-JACQUES, N° 5, PRÈS LA SORBONNE.

M DCCC XLV.
1844

Tout contrefacteur ou débitant de contrefaçons de cette Édition sera poursuivi conformément aux lois.

Tous les Exemplaires sont revêtus de ma griffe.

Jules Delalain

DISCOURS CONTRE VERRÈS,
SUR LES STATUES.

Verrès avait été préteur en Sicile. Quand il fut sorti de charge, il se vit accusé de concussion par les Siciliens, qui chargèrent Cicéron de leur cause. Q. Cécilius Niger, questeur de Verrès, prétendit que c'était à lui d'accuser Verrès. Cicéron prononça une harangue intitulée *Divinatio*, pour prouver que l'accusation devait lui être déférée, plutôt qu'à Cécilius.

Les juges ayant prononcé en sa faveur, Cicéron se rendit en Sicile, parcourut toute cette province en cinquante jours, et recueillit toutes les informations et tous les mémoires qu'il put se procurer contre Verrès. De retour à Rome, il s'aperçut qu'on cherchait à proroger cette affaire jusqu'à l'année suivante. Hortensius et Métellus, qui devaient être consuls, auraient empêché qu'on ne jugeât Verrès. Pour prévenir ce coup, Cicéron, dans un premier discours, exhorta les juges à faire leur devoir, cita les témoins sur chaque crime de l'accusé, et proposa de les faire interroger par Hortensius : celui-ci n'osa pas répondre pour Verrès, qui prit le parti de s'exiler volontairement. Ainsi les cinq discours, intitulés *Prætura urbana*, *siciliensis*, *frumentaria*, *de Signis*, *de Suppliciis*, ne furent pas prononcés; Cicéron ne les composa que pour faire briller son éloquence.

Ce discours, qui a pour titre *de Signis*, traite des statues et autres objets précieux que Verrès avait volés en Sicile. Il n'y a pas d'exorde. L'orateur entre en matière par une description générale de tous les vols qu'il spécifiera dans la suite. Il réfute parfaitement la défense d'Hortensius, qui, pour justifier Verrès de l'enlèvement de toutes ces statues précieuses, prétendait qu'il les avait achetées.

De Signis, *lat.-franç.*

ORATIO IN VERREM
DE SIGNIS.

1. Transitio. Venio nunc ad istius, quemadmodum ipse appellat, studium; ut amici ejus, morbum et insaniam; ut Siculi, latrocinium. Ego, quo nomine appellem, nescio : rem vobis proponam; vos eam suo, non nominis pondere, penditote. Genus ipsum prius cognoscite, judices : deinde fortasse non magnopere quæretis quo nomine appellandum putetis.

Nego in Sicilia tota, tam locupleti, tam vetere provincia, tot oppidis, tot familiis, tam copiosis, ullum argenteum vas, ullum corinthium aut deliacum fuisse; ullam gemmam aut margaritam; quidquam ex auro aut ebore factum; signum ullum æneum, marmoreum, eburneum; nego ullam picturam neque in tabula neque textili fuisse, quin conquisierit, inspexerit; quod placitum sit, abstulerit.

2. Magnum videor dicere : attendite etiam quemadmodum dicam; non enim verbi neque criminis augendi causa complector omnia. Quum dico nihil istum ejusmodi rerum in tota provincia reliquisse, latine me scitote, non accusatorie loqui : etiam planius : nihil in ædibus cujusquam, ne in oppidis quidem, nihil apud Siculum, nihil apud civem romanum; denique nihil istum, quod ad oculos animumque acciderit, neque privati, neque publici, neque profani, neque sacri, tota in Sicilia reliquisse. Unde igitur potius incipiam, quam ab ea civitate quæ sibi una in amore atque in deliciis fuit? aut ex quo potius numero quam ex ipsis laudatoribus tuis? facilius enim perspicietur qualis apud eos fueris, qui te oderunt, qui accusant, qui persequuntur; quum apud tuos Mamertinos inveniare improbissima ratione esse prædatus.

DISCOURS CONTRE VERRÈS,
SUR LES STATUES.

1. Je viens maintenant à ce que Verrès appelle son goût, ce que ses amis nomment sa maladie et sa manie, et les Siciliens son brigandage; pour moi, je ne sais quel nom lui donner. Je vais vous mettre la chose sous les yeux : jugez-en par ce qu'elle est en elle-même, plutôt que par le nom. Considérez d'abord la nature des faits, et peut-être ne chercherez-vous pas longtemps le nom qui leur convient.

Je nie que dans toute la Sicile, cette province si riche, qui conserve tant d'anciens monuments, où sont tant de villes, tant de familles opulentes, il y ait eu un vase d'argent, de métal de Corinthe ou de Délos, une pierre précieuse, un ouvrage d'or ou d'ivoire, une statue de bronze, de marbre, d'ivoire; enfin un tableau, un tapis, dont Verrès n'ait fait une exacte recherche, qu'il n'ait regardé avec des yeux de cupidité, et qu'il n'ait enlevé pour peu que l'objet lui ait plû.

2. Je parais en dire beaucoup : considérez comment je m'exprime; car ce n'est ni pour exagérer, ni pour grossir l'accusation, que je rassemble tant de choses. Quand j'avance que Verrès n'a laissé aucune de ces richesses dans toute la Sicile, comprenez que je parle simplement, et non sur le ton d'un accusateur. Je parlerai encore plus clairement, et je prouverai que dans les maisons des particuliers, dans les villes mêmes; chez les Siciliens comme chez le citoyen romain; en un mot, que dans la Sicile entière, il n'a rien laissé de ce qui a frappé ses regards et excité ses désirs, que ce fût une chose particulière ou publique, profane ou consacrée à la religion. Par où donc puis-je mieux commencer, Verrès, que par cette ville, la seule que vous ayez aimée, la seule qui ait fait vos délices? puis-je mieux faire que de choisir vos apologistes? On connaîtra sans doute plus aisément comment vous avez traité ceux qui vous haïssent, vous accusent et vous poursuivent, quand on verra que vous avez pillé de la manière la plus indigne vos amis les Mamertins.

II. Prima narratio. C. Hejus est Mamertinus (omnes hoc mihi facile concedent, qui Messanam accesserunt) omnibus rebus in illa civitate ornatissimus : hujus domus est vel optima Messanæ, notissima quidem certe; et nostris hominibus apertissima maximeque hospitalis : ea domus ante adventum istius sic ornata fuit, ut urbi quoque esset ornamento ; nam ipsa Messana, quæ situ, mœnibus, portuque ornata sit, ab his rebus, quibus iste delectatur, sane vacua atque nuda est.

4. Erat apud Hejum sacrarium magna cum dignitate in ædibus, a majoribus traditum, perantiquum, in quo signa pulcherrima quatuor, summo artificio, summa nobilitate ; quæ non modo istum hominem ingeniosum atque intelligentem, verum etiam quemvis nostrum, quos iste idiotas appellat, delectare possent : unum Cupidinis marmoreum, Praxitelis (nimirum didici etiam, dum in istum inquiro, artificum nomina); idem, opinor, artifex ejusdem modi Cupidinem fecit illum qui est Thespiis, propter quem Thespiæ visuntur, nam alia visendi causa nulla est. Itaque ille L. Mummius, quum Thespiadas, quæ ad ædem Felicitatis sunt, ceteraque profana ex illo oppido signa tolleret, hunc marmoreum Cupidinem, quod erat consecratus, non attigit.

III. Verum, ut ad illud sacrarium redeam, signum erat hoc, quod dico, Cupidinis e marmore : ex altera parte Hercules egregie factus ex ære; is dicebatur esse Myronis, ut opinor; et certe. Item ante hosce deos erant arulæ quæ cuivis sacrarii religionem significare possent : erant ænea præterea duo signa, non maxima, verum eximia venustate, virginali habitu atque vestitu, quæ manibus sublatis sacra quædam, more atheniensium virginum, reposita in capitibus sustinebant. Canephoræ ipsæ vocabantur ; sed earum artificem quem? quemnam? recte admones. Polycletum esse dicebant. Messanam ut quisque nostrum venerat, hæc visere solebat : omnibus hæc ad visendum patebant quotidie : domus erat non domino magis ornamento quam civitati.

6. C. Claudius, cujus ædilitatem magnificentissimam scimus fuisse, usus est hoc Cupidine tandiu, dum forum

SUR LES STATUES.

II. Caïus Héius est le citoyen de Messine le plus riche en meubles et en ornements de toute espèce : tous ceux qui ont vu cette ville conviendront de cette vérité. Sa maison est la plus considérable, ou tout au moins la plus célèbre ; elle est ouverte à tous les Romains, qui peuvent y jouir des droits de l'hospitalité. Cette maison, avant l'arivée de Verrès, était si bien décorée, qu'elle faisait l'ornement de la ville même. Car Messine, d'ailleurs si remarquable par sa situation, ses murailles et son port, est dépourvue de ces curiosités qui font les délices de Verrès.

4. Il y avait chez Héius une chapelle, monument antique et respectable qu'il avait hérité de ses pères. On y voyait quatre statues d'un travail exquis, et d'une beauté capable de ravir, je ne dis pas seulement Verrès, cet homme intelligent, cet habile connaisseur, mais encore chacun de nous qu'il traite de bonnes gens et d'hommes sans goût. L'une d'elles est un Cupidon de marbre, digne ouvrage de Praxitèle ; car, en recherchant les crimes de Verrès, j'ai appris les noms des artistes. C'est, si je ne me trompe, ce même Praxitèle qui fit cet autre Cupidon qui est à Thespies, où sa beauté attire les étrangers ; car il n'y a rien d'ailleurs qui mérite l'attention. Ainsi, quand L. Mummius enleva à cette ville les statues des Muses qui étaient dans le temple de la Félicité, et quelques monuments profanes, il ne toucha point à ce Cupidon, parce qu'il était consacré.

III. Mais pour revenir à cette chapelle, la statue de ce Cupidon était de marbre : de l'autre côté on voyait un Hercule de bronze, morceau achevé ; on le disait, à ce que je crois, l'ouvrage de Myron, et cela est vrai. Deux petits autels dressés devant ces deux divinités, semblaient annoncer la sainteté de ce lieu. Il y avait encore deux statues d'airain d'une hauteur médiocre, mais d'une beauté ravissante ; elles avaient la figure et l'habillement de jeunes vierges qui, les bras élevés, portaient sur la tête, comme les vierges d'Athènes, certains vases sacrés. On les appelait Canéphores. Mais quel en était l'artiste ? comment se nommait-il ? Vous m'interrogez fort à propos, c'était Polyclète. Nos Romains, aussitôt qu'ils arrivaient à Messine, allaient visiter cette chapelle ; elle était tous les jours ouverte à tous ceux qui voulaient la voir : cette maison ne faisait pas moins d'honneur à la ville qu'au propriétaire.

6. C. Claudius, qui signala son édilité par la plus grande magnificence, fit usage de ce Cupidon tout le temps qu'il fit

diis immortalibus populoque romano habuit ornatum ; et, quum esset hospes Hejorum, mamertini autem populi patronus, ut illis benignis usus est ad commodandum, sic ipse diligens fuit ad reportandum. Nuper homines nobiles ejusmodi, judices; et quid dico nuper? imo vero modo, ac plane paulo ante vidimus, qui forum ad basilicas, non spoliis provinciarum, sed ornamentis amicorum, commodis hospitum, non furtis nocentium, ornarent : qui tamen signa atque ornamenta sua cuique reddebant; non ablata ex urbibus sociorum, quatridui causa, per simulationem ædilitatis, domum deinde ad suas villas auferebant. Hæc omnia, quæ dixi, signa, judices, ab Hejo de sacrario Verres abstulit : nullum, inquam, horum reliquit; neque aliud ullum tamen; præter unum pervetus ligneum, Bonam Fortunam, ut opinor; eam iste habere domi suæ noluit.

IV. Proh deum hominumque fidem ! quid hoc est ! quæ hæc causa ! quæ hæc impudentia est ! quæ dico signa, antequam abs te sublata sunt, Messanam cum imperio nemo venit, quin viderit : tot prætores, tot consules, in Sicilia, tum in pace, tum etiam in bello fuerunt; tot homines cujusque modi : non loquor de integris, innocentibus, religiosis : tot cupidi, tot improbi, tot audaces; quorum nemo sibi tam vehemens, tam potens, tam nobilis visus est, qui ex illo sacrario quidquam poscere, aut tollere, aut attingere auderet. Verres, quod ubique erit pulcherrimum, auferet ! nihil habere præterea cuiquam licebit ! tot domus locupletissimas, domus istius una capiet ! idcirco nemo superiorum attigit, ut iste tolleret ! ideo C. Claudius Pulcher retulit, ut C. Verres posset auferre ! At non requirebat ille Cupido lenonis domum ac meretriciam disciplinam : facile illo sacrario patrio continebatur : Hejo se a majoribus relictum esse sciebat in hæreditate sacrorum : non quærebat meretricis hæredem.

8. Sed quid ego tam vehementer invehor? verbo jam uno repellar. Emi, inquit. O dii immortales ! præcla-

orner la place publique en honneur des dieux immortels, et pour la gloire du nom romain. Mais ce magistrat, hôte de la famille Héius et défenseur des Mamertins, après avoir usé de l'empressement qu'ils mirent à lui prêter cette statue, fut très-exact à la leur faire rapporter. Il n'y a pas longtemps, juges, que nous avons vu de ces hommes distingués; que dis-je, il n'y a pas longtemps, nous venons de les voir; ils décoraient la place et les basiliques, non de la dépouille des provinces et du vol des prévaricateurs, mais des meubles précieux que leurs amis et leurs hôtes leur prêtaient; ils rendaient à chacun les statues et les ornements qu'on leur avait confiés. Ils ne les avaient pas enlevés des villes alliées pour quatre jours, sous prétexte de leur édilité; ils ne les faisaient pas ensuite transporter chez eux et dans leurs maisons de campagne. Toutes ces belles statues dont j'ai parlé, ont été enlevées par Verrès de la chapelle d'Héius. Il n'y en a laissé aucune, à la réserve cependant d'une figure antique de bois, qui représentait, si je ne me trompe, l'Heureuse Fortune. Il dédaigna de l'avoir dans sa maison.

IV. O justice des dieux et des hommes! Quel crime! quelle cause monstrueuse! quelle impudence! Tous ceux que la république a envoyés à Messine, revêtus du pouvoir, ont vu ces statues avant que vous les eussiez enlevées. Nous avons eu dans la Sicile, soit en temps de paix, soit en temps de guerre, tant de préteurs, tant de consuls, tant de magistrats de caractères différents : je ne parle pas de ceux dont la conduite a pour base et pour principe l'intégrité, la justice et la religion; je parle de tant d'hommes avares, injustes, entreprenants; néanmoins aucun n'a été assez hardi, aucun n'a assez présumé de son crédit ou de sa noblesse, pour oser demander, enlever, toucher rien de ce qui appartenait à ce lieu saint. Et Verrès se saisira de tout ce qu'il y a de plus beau, en quelque lieu qu'il le trouve! Il sera le seul qui possèdera des choses rares! Sa maison absorbera les richesses de tant de maisons! C. Claudius a-t-il tout rendu à Héius, afin que Verrès pût lui tout enlever? Mais ce Cupidon ne demandait pas une maison prostituée au plaisir, ni des leçons de débauches, il se plaisait dans cette chapelle héréditaire. Il n'ignorait pas que les ancêtres d'Héius le lui avaient laissé avec d'autres monuments de leur religion; il ne cherchait pas, pour être honoré, l'héritier d'une courtisane.

8. Mais pourquoi déclamer avec tant de force? Verrès me réfute d'un seul mot. J'ai, dit-il, tout acheté. Dieux immor-

ram defensionem ! mercatorem cum imperio ac securibus in provinciam misimus, qui omnia signa, tabulas pictas, omne argentum, aurum, ebur, gemmas coemeret, nihil cuiquam relinqueret; hæc enim mihi ad omnia defensio patefieri videtur, *emisse*. Primum, si id, quod vis, tibi ego concedam, ut emeris; quoniam in toto hoc genere hac una defensione usurus es : quæro cujusmodi tu judicia Romæ putaris esse, si tibi hoc quemquam concessurum putasti, te in prætura atque imperio, tot res tam pretiosas, omnes denique res quæ alicujus pretii fuerint, tota ex provincia coemisse !

V. Videte majorum diligentiam, qui nihildum etiam istiusmodi suspicabantur, verumtamen ea, quæ parvis in rebus accidere poterant, providebant. Neminem, qui cum potestate aut legatione in provinciam esset profectus, tam amentem fore putarunt ut emeret argentum; dabatur enim de publico : ut vestem; præbebatur enim legibus : mancipium putaverunt, quo et omnes utimur, et non præbetur a populo : sanxerunt : *Ne quis emeret mancipium, nisi in demortui locum.* Si quis Romæ esset demortuus ? imo, si quis ibidem. Non enim te instruere domum tuam voluerunt in provincia, sed illum usum provinciæ supplere.

10. Quæ fuit causa cur tam diligenter nos in provinciis ab emptionibus removerent ? hæc, judices, quod putabant ereptionem esse, non emptionem, quum venditori suo arbitratu vendere non liceret : in provinciis intelligebant, si is qui esset cum imperio ac potestate, quod apud quemque esset emere vellet, idque ei liceret; fore uti quod quisque vellet, sive esset venale, sive non esset, quanti vellet, auferret. Dicit aliquis : Noli isto modo agere cum Verre : noli ejus facta ad antiquæ religionis rationem exquirere : concede ut impune emerit,

tels! le beau moyen de défense! C'est donc un marchand avec la pourpre et les faisceaux, que nous avons envoyé en Sicile pour y acheter toutes les statues, tous les tableaux, toutes les pierres précieuses, tous les ouvrages d'or, d'argent et d'ivoire, pour ne laisser personne en possession d'aucune chose; car voilà la justification qu'on me paraît opposer à tout: *il a acheté.* Mais quand je vous accorderais d'avoir tout acheté, comme vous le voulez, puisque sur cet article vous n'apportez point d'autre défense; de quelle nature avez-vous cru que seraient les jugements à Rome, si vous vous êtes imaginé que qui que ce soit vous passerait d'avoir acheté, durant votre préture et le temps que vous avez commandé dans la province, tant de choses précieuses, en un mot, tout ce que vous y avez trouvé de rare et de curieux?

V. Admirez ici, juges, la sage précaution de nos ancêtres, qui, sans soupçonner qu'on pût jamais se porter à de pareils excès, ont néanmoins étendu leur prévoyance jusque sur les plus petites choses. Ils n'ont pas cru qu'un magistrat, près de partir pour aller commander en province, fût assez peu raisonnable pour acheter de la vaisselle d'argent; car l'état lui en fournissait: ni même d'habits, parce qu'on lui en donnait suivant les lois. Ils lui ont laissé la liberté d'acheter un esclave dont le service est absolument nécessaire, et que l'état ne donne point; mais en même temps ils ont réglé qu'il ne pourrait en acheter que pour en remplacer un autre qui serait mort, non à Rome, mais dans le lieu même où il commanderait. Ils n'ont jamais prétendu vous permettre de faire votre maison et de composer votre domestique dans votre province; ils vous ont permis seulement d'y acquérir les choses d'un usage indispensable.

10. Pourquoi tous ces soins, ces lois pour nous détourner de toute acquisition dans les provinces où nous commandons? C'est, ô juges, qu'ils étaient persuadés que c'était plutôt une extorsion qu'un achat, quand il n'était pas permis au vendeur de vendre à son gré. Ils comprirent que si, dans les provinces, celui qui commandait avec autorité, voulait acheter les effets des particuliers, et qu'il en eût la permission, il les emporterait pour le prix qu'il voudrait, qu'ils fussent à vendre ou qu'ils ne le fussent pas. Mais, dira quelqu'un, ne soyez pas si rigoureux à l'égard de Verrès; n'examinez point ses actions par les principes et la conduite de nos pères. Passez-lui tous ces achats, pourvu qu'il les

modo ut bona ratione emerit, nihil pro potestate, nihil ab invito, nihil per injuriam. Sic agam ; si quid venale habuit Hejus : si id, quanti æstimabat, tanti vendidit; desino quærere cur emeris.

VI. Quid igitur nobis faciendum est ? num argumentis utendum in re ejusmodi ? Quærendum est, credo, Hejus iste num æs alienum habuerit, num auctionem fecerit : si fecit, num tanta difficultas eum rei nummariæ tenuerit, tanta egestas, tanta vis oppresserit, ut sacrarium suum spoliaret, ut deos patrios venderet. At hominem video auctionem fecisse nullam ; vendidisse, præter fructus suos, nihil unquam ; non modo in ære alieno nullo, sed in suis nummis multis esse, ac semper fuisse : si hæc contra ac dico essent omnia, tamen illum hæc quæ tot annos in familia sacrarioque majorum fuissent, venditurum non fuisse. Quid, si magnitudine pecuniæ persuasum est ei ? verisimile non est ut ille homo tam locuples, tam honestus, religioni suæ monumentisque majorum pecuniam anteponeret.

12. Sunt ista : verumtamen abducuntur homines nonnunquam etiam ab institutis suis magnitudine pecuniæ. Videamus quanta ista pecunia fuerit, quæ potuerit Hejum, hominem maxime locupletem, minime avarum, ab humanitate, a pietate, ab religione deducere. Ita jussisti, opinor, ipsum in tabulas referre : *Hæc omnia signa Praxitelis, Myronis, Polycleti, H-S vi millibus et D Verri vendita sunt.* Recita ex tabulis.

TABULÆ HEJI.

Juvat me hæc præclara nomina artificum, quæ isti ad cœlum ferunt, Verris æstimatione sic concidisse : Cupidinem Praxitelis H-S m dc ! profecto hinc natum est: *Malo emere quàm rogare.*

VII. Dicet aliquis : Quid ? tu ista permagno æstimas? Ego vero ad meam rationem usumque non æstimo: verumtamen a vobis ita arbitror spectari oportere, quanti hæc eorum judicio, qui studiosi sunt harum re-

ait faits en bonne forme, qu'il n'y ait eu ni abus de son autorité, ni violence, ni injustice; j'y consens. Si Héius a voulu vendre quelqu'un de ses effets, s'il l'a vendu le prix qu'il l'estimait, je ne demande plus pourquoi vous avez acheté.

VI. Que faire donc? faut-il alléguer des preuves dans une cause de cette nature? Sans doute il faut examiner si cet Héius avait des dettes à acquitter; s'il faisait une vente à l'enchère; si, supposé qu'il la fît, il était dans un tel besoin d'argent, s'il se trouvait dans des circonstances si critiques, qu'il fût obligé de dépouiller sa chapelle, et de vendre les dieux de ses pères. Mais je vois qu'il n'a jamais fait de vente semblable : Héius n'a vendu que les fruits de ses terres : il n'avait aucune dette; il avait alors beaucoup d'argent, et en a toujours eu. Quand bien même sa situation aurait été autre que je ne la dépeins, je soutiens qu'il n'aurait jamais vendu ce qui était depuis tant d'années dans sa famille et dans la chapelle de ses aïeux. Mais si le prix élevé qu'on lui a offert l'a déterminé à cette vente? Non, il n'est pas vraisemblable qu'un homme si riche et si vertueux ait préféré l'argent à sa religion et aux monuments de sa maison.

12. Cela est plausible, me dira-t-on; néanmoins une somme considérable fait quelquefois oublier à l'homme ses principes. Voyons donc quelle était cette somme qui a pu faire perdre à Héius, homme très-riche, et qui n'était point avare, son bon naturel, sa piété et sa religion. Vous l'avez sans doute obligé d'écrire sur les registres : *J'ai vendu à Verrès toutes mes statues de Praxitèle, de Myron, de Polyclète, six mille cinq cents sesterces.* Lisez la note des registres.

REGISTRES D'HÉIUS.

J'aime à voir que les noms célèbres de ces artistes, dont nos curieux font tant de cas soient ainsi tombés par l'estimation de Verrès. Un Cupidon de Praxitèle pour mille six cents sesterces? De là sans doute est né le proverbe : *J'aime mieux acheter que de demander.*

VII. Mais, me dira-t-on, vous mettez donc à bien haut prix ces curiosités? Non, elles ne sont ni de mon goût ni de mon usage : je crois que vous devez les apprécier d'après ceux qui les recherchent et qui les aiment sur le pied qu'ordinairement elles sont vendues, sur le prix qu'elles

rum, æstimentur, quanti venire soleant ; quanti hæc ipsa, si palam libereque venirent, venire possent ; denique ipse Verres quanti æstimet : nunquam enim, si denariis quadringentis Cupidinem illum putasset, commisisset ut, propter eum, in sermonem hominum atque in tantam vituperationem veniret.

14. Quis vestrum igitur nescit quanti hæc æstimentur ? In auctione signum æneum, non magnum, H-S cxx millibus venire non vidimus ? Quid si velim nominare homines qui aut non minoris, aut etiam pluris emerint ? nonne possum ? etenim qui modus est in his rebus cupiditatis, idem est æstimationis : difficile est enim finem facere pretio, nisi libidini feceris. Video igitur Hejum, neque voluntate, neque difficultate aliqua temporis, neque magnitudine pecuniæ adductum esse ut hæc signa venderet : teque ista simulatione emptionis, vi, metu, imperio, fascibus, ab homine eo quem, una cum ceteris sociis non solum potestati tuæ, sed etiam fidei populus romanus commiserat, eripuisse atque abstulisse.

15. Quid mihi tam optandum, judices, potest esse in hoc crimine, quam ut hæc eadem dicat ipse Hejus? nihil profecto : sed ne difficilia optemus. Hejus est Mamertinus. Mamertina civitas istum publice communi consilio sola laudat : omnibus ipse ceteris Siculis odio est : ab his solis amatur. Ejus autem legationis quæ ad istum laudandum missa est, princeps est Hejus ; etenim est primus civitatis : ne forte, dum publicis mandatis serviat, de privatis injuriis reticeat.

16. Hæc quum scirem et cogitarem, commisi tamen me, judices, Hejo : produxi eum prima actione : neque id tamen ullo periculo feci. Quid enim poterat Hejus respondere, si esset improbus, si sui dissimilis ? signa illa domi suæ esse, non apud Verrem ? qui poterat quidquam ejusmodi dicere ? ut homo turpissimus esset, impudentissimeque mentiretur, hoc diceret : Illa se habuisse venalia eaque sese, quanti voluerit, vendidisse. Homo domi suæ nobilissimus, qui vos de religione sua ac dignitate vere existimare maxime vellet, primo dixit se istum publice laudare, quod sibi ita mandatum esset :

coûteraient dans une vente libre et publique ; enfin, sur l'estime que Verrès en fait lui-même : car s'il avait pensé que ce Cupidon ne valait que deux cents livres, se serait-il exposé, pour l'avoir, aux discours malins du public et à l'infamie dont il s'est couvert ?

14. Qui d'entre vous ignore quel prix on met à ces beaux ouvrages ? Dernièrement, à un inventaire, une statue de bronze de grandeur médiocre, ne monta-t-elle pas à cent vingt mille sesterces ? Et si je voulais nommer telles personnes qui ont donné un prix égal ou même plus haut, ne le pourrais-je pas ? En effet, ces choses valent à proportion de l'envie qu'on a de les posséder ; il est difficile d'en borner le prix, à moins que de borner sa passion. Je vois donc que ni le caprice, ni la grandeur de la somme, n'ont engagé Héius à vendre ses statues ; et que, sous prétexte de les acheter, vous les avez arrachées par la force, les menaces, l'autorité, vos licteurs, et que vous les avez emportées de chez un homme que la république avait confié avec les autres alliés, non-seulement à votre puissance, mais à votre bonne foi.

15. Que pourrais-je tant souhaiter, juges, que de voir Héius déposer les mêmes choses ! Rien assurément. Mais ne souhaitons rien de difficile. Héius est Messinois : la ville de Messine est la seule qui, par une commune délibération, fait publiquement l'éloge de Verrès. Haï et détesté du reste de la Sicile, c'est des seuls Messinois qu'il est aimé. Or, la députation envoyée pour faire son apologie a pour chef Héius; car Héius est le premier citoyen de sa ville ; et il est à craindre que, portant la parole pour le public, il ne dissimule ce qu'il a souffert comme particulier.

16. J'avais prévu cet inconvénient ; je m'en rapportai cependant à Héius. Il fut entendu dans la première information. Je ne risquais rien à tenter ce moyen ; car, quand bien même Héius se serait démenti, et aurait renoncé au caractère d'honnête homme, qu'aurait-il pu répondre ? que ces statues étaient encore chez lui et non chez Verrès ? Pouvait-il avancer un mensonge aussi hardi ? S'il eût voulu se déshonorer et porter l'impudence au plus haut point, il aurait soutenu qu'il avait voulu les vendre, et qu'il les avait vendues au prix qu'il en avait exigé. Mais ce respectable citoyen de Messine, qui voulait vous donner une juste idée de sa religion et de ses sentiments, déclara d'abord qu'en conséquence de sa mission, il avait fait publiquement l'apologie de Ver-

deinde neque se illa habuisse venalia; neque ulla conditione, si utrum vellet, liceret, adduci unquam potuisse ut venderet illa quæ in sacrario fuissent a majoribus suis relicta et tradita.

VIII. Quid sedes, Verres? quid exspectas? quid te a centuripina civitate, a catinensi, ab halesina, tyndaritana, ennensi, agyrinensi ceterisque Siciliæ civitatibus circumveniri atque opprimi dicis? tua te altera patria, quemadmodum dicere solebas, Messana circumvenit; tua, inquam, Messana, tuorum adjutrix scelerum, libidinum testis, prædarum ac furtorum receptrix : adest enim vir amplissimus ejus civitatis, legatus, hujusce judicii causa domo missus princeps laudationis tuæ, qui te publice laudat : ita enim mandatum atque imperatum est : tametsi rogatus de Cybea, tenetis memoria quid responderit, ædificatam publicis operis, publice coactis, eique ædificandæ publice mamertinum senatorem præfuisse. Idem ad vos privatim, judices, confugit : utitur hac lege qua judicium est communis et privatæ rei sociorum : tametsi lex est de pecuniis repetundis, ille se negat pecuniam repetere, quam ereptam non tantopere desiderat : sacra se majorum suorum repetere abs te dicit; deos penates a te patrios reposcit.

18. Ecqui pudor est? ecqua religio, Verres? ecqui metus? habitasti apud Hejum Messanæ : res illum divinas apud eos deos in suo sacrario prope quotidie facere vidisti : non movetur pecunia : denique, quæ ornamenti causa fuerunt, non requirit : habe Canephoras : deorum simulacra restitue. Quæ quia dixit; quia, tempore dato, modeste apud vos socius amicusque populi romani questus est; quia religioni suæ non modo in diis patriis repetendis, sed etiam in ipso jurejurando ac testimonio proximus fuit : hominem missum ab isto scitote esse Messanam de legatis unum, illum ipsum qui navi

rès : il dit ensuite que jamais il n'avait mis en vente ces statues ; et que, quand il lui aurait été libre de le vouloir, aucune condition n'aurait pu l'engager à vendre ces monuments précieux, que ses ancêtres lui avaient successivement laissés dans la chapelle.

VIII. Quoi, Verrès, vous êtes tranquille ? qu'attendez-vous encore ? Pourquoi dire que Centorbe, Catane, Halèse, Tyndare, Enna, Agyrone, et les autres villes de Sicile, ont réuni leurs efforts pour vous accabler, et qu'elles vous persécutent de concert ? Votre chère Messine, que vous appelliez votre seconde patrie, Messine, complice de vos crimes, témoin de vos déportements, dépositaire de vos brigandages et de vos larcins, vous poursuit comme les autres : voici un de ses premiers citoyens, député par elle à l'occasion de ce procès intenté contre vous, qui, chargé de justifier votre conduite, fait publiquement votre éloge ; car c'est l'objet de sa mission, il en a reçu l'ordre ; mais lorsqu'on l'a interrogé au sujet de la Cybée, vous savez ce qu'il a répondu. Il dit que ce navire avait été construit par des ouvriers publics, forcés à cette corvée par l'autorité des magistrats, et sous les yeux d'un sénateur nommé par la ville pour présider à cette construction. Ce même citoyen, juges, reprenant sa qualité de particulier, s'adresse à vous. Il use du bénéfice de cette loi qui protège également les fortunes publiques et particulières de nos alliés. Quoique la loi soit contre les concussionnaires, Héius ne réclame point les effets qui lui ont été volés ; ce n'est pas ce qu'il regrette le plus. Il ne vous demande que les objets du culte de ses pères et les dieux de sa maison.

18. Où sont, Verrès, la pudeur, la religion, le respect et la crainte des dieux ? Vous avez logé à Messine dans la maison d'Héius ; vous l'avez vu faire presque tous les jours des actes de piété dans sa chapelle aux pieds de ces mêmes dieux : il est peu touché de la perte de ses biens, il vous laisse tout ce qui n'était que pour l'ornement et la magnificence : gardez les Canéphores, mais rendez-lui les images des dieux. Parce qu'il a révélé ces vérités, parce qu'il a profité de l'occasion pour venir, avec la confiance d'un ami et d'un fidèle allié des Romains, porter à vos pieds des plaintes que la modération même semble avoir dictées ; parce qu'il s'est montré plein de religion, soit en réclamant ses dieux, soit en respectant son serment ; apprenez que pour l'en punir, Verrès a renvoyé à Messine un des députés de cette ville, celui même qui présida publiquement à la construction du

istius ædificandæ publice præfuit, qui a senatu peteret ut Hejus ignominia afficeretur.

IX. Homo amentissime, quid putasti? te impetraturum? quanti is a civibus suis fieret, quanti auctoritas ejus haberetur, ignorabas? Verum fac te impetravisse; fac aliquid gravius in Hejum statuisse Mamertinos : quantam putas auctoritatem laudationis eorum futuram, si in eum quem constet verum pro testimonio dixisse, pœnam constituerint? tametsi quæ est ista laudatio, quum laudator interrogatus lædat necesse est? Quid? isti laudatores tui, nonne testes mei sunt? Hejus est laudator; læsit gravissime : producam ceteros : reticebunt quæ poterunt libenter; dicent quæ necesse erit ingratis. Negent isti onerariam navem maximam ædificatam esse Messanæ? negent, si possent : negent ei navi faciendæ senatorem mamertinum publice præfuisse? utinam negent! Sunt etiam cetera, quæ malo integra reservare, ut quam minimum sit illis temporis ad meditandum confirmandumque perjurium.

20. Hæc tibi laudatio procedat in numerum : hi te homines auctoritate sua sublevent, qui te neque debent adjuvare, si possint, neque possunt, si velint : quibus tu privatim injurias plurimas contumeliasque imposuisti : quo in oppido multas familias in perpetuum infames tuis stupris flagitiisque fecisti. At publice commodasti. Non sine magno quidem reipublicæ provinciæque Siciliæ detrimento. Tritici modium LX millia empta populo romano dare debebant, et solebant : abs te solo remissum est. Respublica detrimentum fecit, quod per te imperii jus una in civitate imminutum est : Siculi, quod hoc non de summa frumenti detractum est, sed translatum in Centuripinos et Halesinos, immunes populos, et hoc plus impositum quam ferre possent.

21. Navem imperare ex fœdere debuisti; remisisti in triennium : militem nullum unquam poposcisti per tot annos : fecisti item uti prædones solent, qui, quum com-

navire dont j'ai déjà parlé, pour demander au sénat un arrêt flétrissant contre Héius.

IX. Homme insensé! pensiez-vous obtenir la condamnation d'Héius? Vous ignoriez donc combien il est estimé de ses citoyens, quel est le crédit dont il jouit? Mais supposons qu'on eût acquiescé à votre demande, que Messine l'eût sévèrement puni, de quel poids, à votre avis, serait leur éloge, s'ils avaient décerné une punition contre celui dont le témoignage est reconnu conforme à la vérité? Au reste, quel est cet éloge, si le panégyriste interrogé se trouve obligé de vous accuser? Vos panégyristes ne sont-ils pas des témoins qui déposent pour moi? Héius en est un, et il vous a fait plus de mal que personne. Je produirai les autres; ils tairont volontiers ce qu'ils pourront; mais ce qui sera nécessaire, ils le diront, quoiqu'à regret. Nieront-ils que cet immense vaisseau de charge ait été construit à Messine? Qu'ils le nient, s'il est possible. Nieront-ils qu'un sénateur de Messine présida publiquement à cette construction? Je voudrais bien qu'ils eussent l'effronterie de le nier. J'omets plusieurs choses sur lesquelles je ne veux point m'ouvrir pour le présent, afin que les partisans de Verrès n'aient point le temps de concerter les moyens d'appuyer leur parjure.

20. Que l'éloge d'une seule ville vous tienne lieu de celui des autres villes qui vous manque. Ayez pour soutien le crédit de ces hommes qui ne devraient pas vous secourir quand ils le pourraient, et qui ne le peuvent pas quand ils le voudraient; de ces hommes que vous avez chargés chacun en particulier d'injustices et d'outrages : d'une ville où vous avez déshonoré à jamais, par vos débauches et par vos adultères, un grand nombre de familles. Vous avez rendu de grands services à cette ville : oui, mais au grand détriment de la république et même de la Sicile. C'était chez eux un devoir et un usage de fournir, à prix d'argent, soixante mille boisseaux de froment. Vous seul les avez déchargés de cette obligation. La république y a perdu, puisque vous avez diminué dans une ville ses droits de souveraineté; les Siciliens en ont souffert, en ce que ces soixante mille boisseaux n'ont pas été déduits de la quantité de grain que l'île doit nous fournir, mais qu'ils ont été rejetés sur Centorbe, sur Halèse, villes exemptes de pareille charge, et que par là elles ont été taxées au-dessus de leur force.

21. Vous avez dû, suivant leur traité avec nous, leur ordonner de fournir un vaisseau : vous les en avez exemptés pendant trois ans. Vous n'avez point demandé, pendant tout

munes hostes sint omnium, tamen aliquos sibi instituunt amicos, quibus non modo parcant, verum etiam præda quos augeant, et eos maxime qui habent oppidum opportuno loco, quo sæpe adeundum sit navibus, nonnunquam etiam necessario.

X. Phaselis illa, quam cepit P. Servilius, non fuerat urbs ante Cilicum atque prædonum : Lycii illam, græci homines, incolebant : sed quod erat ejusmodi loco, atque ita projecta in altum, ut et exeuntes e Cilicia prædones sæpe ad eam necessario devenirent, et, quum ex hisce se locis reciperent, eodem deferrentur; adsciverunt illud sibi oppidum piratæ, primo commercio, deinde etiam societate.

23. Mamertina civitas improba antea non erat : etiam erat inimica improborum ; quæ C. Catonis illius qui consul fuit, impedimenta retinuit : et cujus hominis? clarissimi potentissimique ; qui tamen, quum consul fuisset, condemnatus est : ita C. Cato, duorum hominum clarissimorum nepos, L. Pauli et M. Catonis, et P. Africani sororis filius : quo damnato tum quum severa judicia fiebant, H-S xviii millibus lis æstimata est: huic Mamertini irati fuerunt; qui majorem sumptum quam quanti Catonis lis æstimata est, in Timarchidis prandium sæpe fecerunt.

24. Verum hæc civitas isti prædoni ac piratæ siciliensi Phaselis fuit : huc omnia undique deportabantur : apud istos relinquebantur : quod celari opus erat, habebant sepositum ac reconditum : per istos, quæ volebat, in navem clam imponenda, occulte exportanda curabat : navem denique maximam, quam onustam furtis in Italiam mitteret, apud istos faciendam ædificandamque curavit : pro hisce rebus vacatio data est ab isto sumptus, laboris, militiæ, rerum denique omnium : per triennium soli non modo in Sicilia, verum, ut opinio mea fert, his quidem temporibus, in omni orbe terrarum, vacui, ex-

ce temps, un seul soldat. Vous avez imité la politique des pirates, qui, quoiqu'ennemis de tous les peuples, se font pourtant quelques amis qu'ils épargnent, qu'ils enrichissent même d'une partie de leur butin ; ce sont ceux surtout qui ont une ville dans un lieu commode, où ils sont souvent obligés d'aborder, et où la nécessité les force quelquefois d'aller chercher un asile.

X. Phasélis, qui fut la conquête de P. Servilius, n'appartenait point dans l'origine aux Ciliciens ni aux pirates ; c'était une colonie de Lyciens, peuple originaire de Grèce. Mais à cause de sa situation, et parce qu'elle était si avancée dans la mer, que les corsaires, en sortant de leur port, étaient souvent obligés d'y venir relâcher, et qu'en revenant de leurs courses, ils y étaient encore naturellement poussés ; ils se l'attachèrent d'abord par un traité de commerce, et ensuite par une association.

23. Messine, avant la préture de Verrès, ignorait le crime : elle était même l'ennemie des méchants. Elle arrêta les équipages de Caton, celui même qui fut consul. Et quel était cet homme ? un citoyen également illustre et puissant ; néanmoins la dignité de consul dont il avait été revêtu, ne l'empêcha point d'être condamné. Ainsi ce Caton, petit-fils de deux hommes aussi recommandables que L. Paulus et M. Caton, et fils de la sœur de P. Scipion, fut condamné à payer dix-huit mille sesterces : telle était alors la sévérité des jugements. Cependant les Messinois furent indignés de la modicité de cette somme ; en effet, la dépense qu'ils ont faite depuis pour un seul repas de Timarchide, a été portée au delà de la somme que Caton fut condamné à payer.

24. Ce brigand, ce corsaire de la Sicile, a trouvé le moyen de faire de cette ville une autre Phasélis. Là étaient transportés les larcins et les fruits de ses concussions. Il les y mettait en dépôt ; ils y recélaient tout ce qu'il voulait dérober aux recherches. Les Messinois étaient les agents dont il se servait, soit pour faire charger son butin sans bruit, soit pour le faire transporter secrètement. Enfin, ce fut chez eux qu'il fit construire ce grand navire, pour l'envoyer en Italie chargé des dépouilles des villes. C'est en considération de ces services que Verrès les a affranchis de contributions, de corvée, de milice, en un mot, de toutes charges : pendant trois ans, ils ont été le seul peuple, je ne dis pas de la Sicile ; mais selon moi, de toute la terre, particulièrement dans ce temps-là, qui ait été tranquille.

pertes, soluti ac liberi fuerunt ab omni sumptu, molestia, munere.

25. Hinc illa verrea nata sunt : hinc in convivium Sext. Cominium protrahi jussit, in quem scyphum de manu jacere conatus est : quem obtorta gula de convivio in vincula atque in tenebras abripi jussit : hinc illa crux, in quam civem romanum iste, multis inspectantibus, sustulit; quam non ausus est usquam defigere, nisi apud eos quibuscum omnia scelera sua ac latrocinia communicasset.

XI. Laudatum etiam vos quemquam venire audetis? qua auctoritate? utrum, quam apud senatorium ordinem, an, quam apud populum romanum habere debetis? Ecquæ civitas est, non modo in provinciis nostris, verum etiam in ultimis nationibus, aut tam potens, aut tam libera, aut etiam tam immanis ac barbara; rex denique ecquis est, qui senatorem populi romani tecto ac domo non invitet? qui honos non homini solum habetur, sed primum populo romano, cujus beneficio nos in hunc ordinem venimus : deinde ordinis auctoritati, quæ nisi gravis erit apud socios atque exteras nationes, ubi erit imperii nomen et dignitas? Mamertini me publice non invitarunt : me quum dico, leve est. Senatorem populi romani si non invitaverunt, honorem debitum detraxerunt, non homini, sed ordini. Nam ipsi Tullio patebat domus locupletissima et amplissima Cn. Pompeii Basilisci; quo, etiamsi esset invitatus a vobis, tamen divertisset : erat etiam Parcenniorum, qui nunc item Pompeii sunt, domus honestissima; quo L. frater meus summa illorum voluntate divertit. Senator populi romani quod in vobis fuit, in vestro oppido jacuit, et pernoctavit in publico, nulla hoc civitas unquam alia commisit. Amicum enim nostrum in judicium vocabas. Tu, quid ego privatim negotii geram, interpretabere imminuendo honore senatorio?

27. Verum hæc tum quæremur, si quid de vobis per eum ordinem agetur, qui ordo a vobis adhuc solis contemptus est. In populi romani quidem conspectum quo

libre, exempt de toute dépense, de tout embarras et de toute redevance.

25. C'est à Messine que commencèrent les hauts faits de Verrès. Ce fut là qu'ayant fait traîner S. Cominius dans un repas, il essaya de lui jeter à la tête la coupe qu'il tenait en main, et qu'il le fit ensuite enlever de la salle, garrotter et renfermer dans un cachot. C'est à Messine qu'a été dressée cette croix, sur laquelle, en présence de la multitude, il a fait élever un citoyen romain ; attentat qu'il n'aurait osé commettre ailleurs que chez ceux qu'il avait associés à ses brigandages.

XI. Quoi, Messinois! vous avez l'audace de venir faire l'apologie de quelqu'un? de quel droit? est-ce en vertu de celui que vous devez tenir ou du sénat, ou du peuple romain? Où trouver, je ne dis pas dans nos provinces, mais dans les climats les plus éloignés, une ville, quelque puissante, quelque libre, ou si vous voulez, quelque barbare ou féroce qu'elle soit? où trouver enfin un roi qui n'accueille, qui n'invite, qui ne loge un sénateur romain? honneur qui ne se rend pas seulement à la personne, mais premièrement au peuple romain, puisque notre titre de sénateur est un de ses bienfaits ; ensuite à la majesté du sénat ; car si les alliés et les nations étrangères cessent de respecter cet illustre corps, que deviennent le nom et la majesté de notre empire? La ville de Messine ne me fit point d'invitation publique et solennelle. A ne considérer que moi, c'est peu de chose ; mais en négligeant de rendre ce devoir à un sénateur du peuple romain, c'est moins à lui en particulier qu'au sénat même qu'elle a manqué. Tullius avait une retraite assurée dans la riche et magnifique maison de Cn. Pompéius Basiliscus ; et quand même vous l'auriez invité, il aurait néanmoins pris chez lui un logement. Il avait encore la maison des Parcennius, qui sont aujourd'hui de la famille de Pompée, maison très-honnête, où, suivant leurs désirs, mon cousin Lucius alla loger. Vous avez fait de votre part tout ce qui était nécessaire pour qu'un sénateur romain n'ait point trouvé d'asile chez vous, et qu'il ait été exposé à passer la nuit sur la place publique ; conduite inouïe dans toute autre ville. Mais vous citiez en justice notre ami. Vous avez donc cru pouvoir vous venger de ma conduite personnelle, en refusant ce qui est dû à la qualité d'un sénateur?

27. Mais je me plaindrai de ce procédé, lorsque vous aurez quelqu'affaire auprès de cet auguste corps que vous seuls avez méprisé. Quoi! vous osez paraître devant le peu-

ore vos commisistis? nec prius illam crucem quæ etiam nunc civis romani sanguine redundat, quæ fixa est ad portum urbemque vestram, revellistis, neque in profundum abjecistis, locumque illum omnem expiastis, quam Romam atque in horum conventum adiretis? In Mamertinorum solo fœderato atque pacato, monumentum istius crudelitatis constitutum est: vestrane urbs electa est, ad quam quum adirent ex Italia, crucem civis romani priusquam quemquam amicum populi romani viderent? quam vos Rheginis, quorum civitati invidetis, item incolis vestris, civibus romanis, ostendere soletis: quo minus sibi arrogent minusque vos despiciant, quum videant jus civitatis illo supplicio esse mactatum.

XII. Verum hæc emisse te dicis. Quid? illa attalica, tota Sicilia nominata, ab eodem Hejo peripetasmata emere oblitus es? licuit eodem modo ut signa. Quid enim actum est? an litteris pepercisti? Verum hominem amentem hoc fugit: minus clarum putavit fore quod de armario quam quod de sacrario esset ablatum. At quomodo abstulit? non possum dicere planius quam ipse apud vos dixit Hejus: quum quæsiissem numquid aliud de bonis ejus pervenisset ad Verrem, respondit istum ad se misisse ut sibi mitteret Agrigentum peripetasmata. Quæsivi an misisset: respondit id quod necesse erat, scilicet dicto audientem fuisse prætori, misisse. Rogavi pervenissentne Agrigentum: dixit pervenisse. Quæsivi quemadmodum revertissent: negavit adhuc revertisse. Risus populi atque admurmuratio omnium facta est.

29. Hic tibi in mentem non venit jubere ut hæc quoque referret, H-S vi millibus ɔ se tibi vendidisse? metuisti ne æs alienum tibi cresceret, si H-S vi millibus ɔ tibi constarent ea quæ tu facile posses vendere H-S cc millibus? fuit tanti, mihi crede: haberes quod defenderes: nemo quæreret quanti illa res esset: si modo te posses docere emisse, facile cui velles, tuam causam et

ple romain, sans avoir auparavant arraché, du port de votre ville, cette croix où coule encore le sang d'un citoyen de Rome? vous ne l'avez pas jetée au fond de la mer, et vous n'avez pas purifié ce lieu avant d'entrer dans Rome et de vous présenter à cette assemblée? C'est dans Messine, ville qui porte le titre de notre alliée et de notre amie, qu'on a dressé cet infâme monument de la cruauté de Verrès. Elle a donc été choisie pour montrer à tous ceux qui y aborderaient, en venant de l'Italie, l'instrument du supplice d'un de nos citoyens, avant qu'ils pussent voir un ami de la république? Vous montrez cette croix et aux habitants de Reggio, dont la puissance excite votre jalousie, et à nos citoyens établis parmi vous, afin de les humilier, et de leur apprendre à moins vous mépriser, en voyant tous les priviléges de la bourgeoisie romaine anéantis par ce supplice.

XII. Mais revenons à ces statues. Vous dites que vous les avez achetées. Vous avez donc oublié d'acheter du même Héius ces tapisseries si renommées dans toute la Sicile, et connues sous le nom de *tapisseries attaliques?* Vous pouviez les acheter comme les statues. Qu'est-il donc arrivé? Avez-vous ménagé l'écriture? Non, cet insensé a oublié cet article : il a cru qu'on s'apercevrait moins de ce qu'il a pris dans un garde-meuble, que de ce qu'il a enlevé d'une chapelle. Mais comment a-t-il enlevé ces tapisseries? Je ne puis le dire plus clairement que ne l'a fait devant vous Héius. Lorsque je lui demandai s'il était passé quelqu'autre de ses effets entre les mains de Verrès, il me répondit que ce préteur lui avait mandé de lui envoyer ces tapisseries à Agrigente. Je lui demandai s'il l'avait fait; il me répondit que, comme de raison, il avait obéi au préteur. Je le priai de me dire si elles étaient arrivées à Agrigente; il me l'assura. Enfin, lui dis-je, ont-elles été rapportées chez vous? Il répondit qu'elles ne l'étaient pas encore. Cette dernière réponse fit rire le peuple, et excita le murmure de toute l'assemblée.

29. Comment alors, Verrès, ne vous vint-il point dans l'esprit de lui ordonner d'écrire sur son registre qu'il vous avait vendu ces tapisseries six mille cinq cents sesterces? craigniez-vous d'avoir plus à restituer, s'il était prouvé que vous aviez acheté six mille cinq cents sesterces, ce que vous pouviez aisément revendre deux cent mille? Croyez-moi, la chose en valait bien la peine. Vous auriez de quoi vous défendre : personne n'en demanderait le prix : si vous pouviez montrer que vous l'avez achetée, vous justifieriez aisément

factum probares : nunc de peripetasmatis quemadmodum te expedias non habes.

30. Secunda narratio. *De Philarcho.* Quid ? a Philarcho Centuripino, homine locuplete ac nobili, phaleras pulcherrime factas, quæ regis Hieronis fuisse dicuntur, utrum tandem abstulisti, an emisti? In Sicilia quidem quum essem, sic a Centuripinis, sic a ceteris audiebam ; non enim parum res erat clara : tam te has phaleras a Philarcho Centuripino abstulisse dicebant, quam alias item nobiles ab Aristo Panormitano ; quam tertias a Cratippo Tyndaritano. Etenim si Philarchus vendidisset, non ei, posteaquam reus factus es, redditurum te promisisses : quod quia vidisti plures scire, cogitasti, si ei reddidisses, te minus habiturum, rem nihilominus testatam futuram ; non reddidisti. Dixit Philarchus pro testimonio, se, quod nosset tuum istum morbum, ut amici tui appellant studium, cupiisse te celare de phaleris : quum abs te appellatus esset, negasse habere sese : apud alium quoque eas habuisse depositas, ne qua invenirentur : tuam tantam fuisse sagacitatem, ut eas per illum ipsum inspiceres, ubi erant depositæ : tum se deprehensum negare non potuisse : ita ab se invito ablatas phaleras gratis.

XIII. Jam ut hæc omnia reperire ac perscrutari solitus sit, judices, est operæ pretium cognoscere. Cybiratæ sunt fratres quidam, Tlepolemus et Hiero : quorum alterum fingere opinor e cera solitum esse, alterum esse pictorem : hosce opinor Cybiræ, quum in suspicionem venissent suis civibus fanum expilasse Apollinis veritos pœnam judicii ac legis, domo profugisse : quo Verrem artificii sui cupidum cognoverant tum quum iste, id quod ex testibus didicistis, Cybiram cum inanibus syngraphis venerat; domo profugientes ad eum se exsules, quum iste esset in Asia, contulerunt : habuit secum eos ab illo tempore ; et, in legationis prædis atque furtis, multum illorum opera consilioque usus est.

32. Hi sunt illi, quibus in tabulis retulit sese Q. Tadius dedisse, jussu istius, græcis pictoribus. Eos, jam

votre conduite à cet égard. Mais aujourd'hui, vous ne savez comment vous débarrasser de ces tapisseries.

30. De plus, Philarque, ce riche et illustre citoyen de Centorbe, avait de magnifiques ornements de chevaux, qui appartinrent, à ce qu'on dit, au roi Hiéron ; les lui avez-vous enlevés ou achetés ? Lorsque j'étais en Sicile, les Centorbains, et tous les Siciliens disaient d'un commun accord (car la chose était claire et connue), que vous aviez enlevé ces objets à Philarque, comme vous en aviez enlevé d'autres fort beaux à Ariste de Palerme, et à Cratippe de Tyndare. Si Philarque vous avait vendu ces harnais, vous n'auriez pas promis de les lui rendre, quand vous avez vu qu'on vous citait en justice. Au reste, convaincu que cette extorsion était presque de notoriété publique, vous avez fait réflexion que les restituer, ce serait vous en dépouiller en pure perte, et que le fait n'en serait pour cela ni moins authentique, ni moins avéré ; en conséquence, vous ne les avez point rendus. Philarque a déposé qu'instruit de cette passion que vos amis appellent votre maladie, il souhaitait ardemment que vous n'eussiez aucune connaissance de ces harnais ; qu'ayant reçu ordre de venir vous parler, il avait soutenu qu'il ne les avait point : qu'en effet, pour qu'on ne les trouvât point chez lui, il les avait mis en dépôt : que votre sagacité fut telle, que vous vous les fîtes montrer par le dépositaire lui-même ; qu'après cette découverte, il ne put soutenir plus longtemps qu'il ne les avait point, et que, malgré lui, vous en aviez fait votre butin.

XIII. Il est à présent essentiel, juges, de connaître la méthode qu'il employait dans ses perquisitions et ses découvertes. Il y avait dans la ville de Cibyre deux frères, nommés Tlépolémus et Hiéron ; l'un faisait, je pense, des figures en cire, et l'autre était peintre. Je crois que, soupçonnés dans leur patrie d'avoir pillé le temple d'Apollon, la crainte du châtiment leur fit prendre la fuite. Ils savaient que Verrès était fort curieux des ouvrages de leur art. Ils l'avaient connu lorsqu'il alla à Cibyre avec de vaines obligations, comme vous l'avez appris des témoins. En fuyant de leur ville, ces exilés se rendirent en Asie, où il était alors. Il les eut toujours avec lui depuis ce temps-là, et tous les brigandages qu'il a faits durant sa magistrature, ils les ont exécutés ou conseillés.

32. C'est d'eux qu'il s'agit sur les registres de Q. Tadius, où ce questeur rapporte que, par ordre de Verrès, il a donné

bene cognitos et re probatos, secum in Siciliam duxit. Quo posteaquam venerunt, mirandum in modum (canes venaticos diceres) ita odorabantur omnia et pervestigabant, ut ubi quidquid esset, aliqua ratione invenirent : aliud minitando, aliud pollicendo, aliud per servos, aliud per liberos, per amicum aliud, aliud per inimicum inveniebant : quidquid illis placuerat, perdendum erat : nihil aliud optabant, quorum poscebatur argentum, nisi ut Hieroni et Tlepolemo displiceret.

XIV. TERTIA NARRATIO. *De Pamphilo.* Vere mehercule hoc, judices, dicam : memini Pamphilum Lilybætanum, hospitem meum et amicum, nobilem hominem, mihi narrare : quum iste ab sese hydriam Boethi manu factam, præclaro opere et grandi pondere, per potestatem abstulisset, se sane tristem et conturbatum domum revertisse, quod vas ejusmodi, quod sibi a patre et a majoribus esset relictum, quo solitus esset uti ad festos dies, ad hospitum adventum, a se esset ablatum. Quum sederem, inquit, domi tristis, accurrit venerius : jubet me scyphos sigillatos ad prætorem statim afferre. Permotus sum, inquit : binos habebam : jubeo promi utrosque, ne quid plus mali nasceretur, et mecum ad prætoris domum ferri : eo quum venio, prætor quiescebat : fratres illi cybiratæ inambulabant ; qui me ubi viderunt : Ubi sunt, Pamphile, inquiunt, scyphi ? Ostendo tristis ; laudant : incipio queri me nihil habiturum quod alicujus esset pretii, si etiam scyphi essent ablati : tum illi, ubi me conturbatum vident : Quid vis nobis dare, ut isti abs te ne auferantur ? Ne multa, sestertios cc me, inquit, poposcerunt ; dixi me daturum c. Vocat interea prætor : scyphos poscit. Tum illos cœpisse prætori dicere, putasse se, id quod audissent, alicujus pretii scyphos esse Pamphili : luteum negotium esse, non dignum quod in suo argento Verres haberet. Ait ille idem sibi videri : ita Pamphilus scyphos optimos aufert. Et mehercule ego antea, tametsi hoc nescio, quid nugatorium sciebam esse, ista intelligere ; tamen mirari solebam, istum in his ipsis rebus aliquem sensum habere, quem scirem nulla in re quidquam simile hominis habere.

une somme d'argent à des peintres grecs. Après les avoir bien connus et éprouvés, il les conduisit avec lui en Sicile. Arrivés dans cette province, vous les auriez pris pour les chiens de chasse les mieux dressés, tant ils avaient le nez fin, tant ils avaient de sagacité pour découvrir les choses les plus cachées. Menaces, promesses, esclaves, enfants, amis, ennemis, tout était pour eux un moyen de faire des découvertes. Il fallait se résoudre à perdre tout ce qui leur plaisait. Ceux dont on demandait la vaisselle d'argent, ne souhaitaient autre chose, si ce n'est qu'elle ne fût pas au gré de Tlépolème et d'Hiéron.

XIV. Écoutez ceci, juges, je jure de rapporter le fait avec la plus exacte vérité. Je me souviens que Pamphile de Lilybée, mon hôte et mon ami, homme de mérite, me disait un jour que, Verrès lui ayant pris d'autorité un vase de Boëthus, d'un travail admirable et d'un grand poids, il était retourné chez lui fort triste d'avoir perdu cet ornement de sa maison, héritage de ses pères, dont il se servait aux jours de fête et à l'arrivée de ses hôtes. Au moment, continue-t-il, que j'étais chez moi, rêveur et mélancolique, arrive un satellite du temple de Vénus : il me signifie l'ordre de faire dans l'instant porter chez le préteur mes coupes ciselées. J'en fus troublé, dit-il, j'en avais deux. J'ordonne qu'on les tire du buffet pour prévenir des suites fâcheuses, et qu'on les porte chez le préteur, où je me rends moi-même. Il dormait lorsque j'arrivai : les deux frères se promenaient; dès qu'ils m'aperçurent : Pamphile, me demandèrent-ils, où sont vos coupes ? Je les leur montre en soupirant; ils les trouvent fort belles. Je commençai alors à me plaindre, que si on me les ôtait, je n'aurais plus rien qui fût de quelque valeur. Voyant mon trouble : Que voulez-vous nous donner, reprirent-ils, pour ne pas perdre vos coupes ? enfin (c'est toujours Pamphile qui parle) ils exigent deux cents sesterces ; j'en promets cent. Cependant le préteur appelle, il demande à voir ces coupes : alors ils témoignent qu'ils avaient cru que ces vases dont ils avaient entendu parler, étaient de quelque prix, mais que c'était un ouvrage méprisable, et indigne d'avoir place parmi sa vaisselle d'argent. Verrès répondit qu'il en pensait de même. C'est ainsi que Pamphile remporta ses excellents vases. Et certes, quoique je regarde comme un mérite bien petit d'être connaisseur en bagatelles, j'étais toujours étonné que Verrès eût du goût en cette partie, lui dont je connaissais la stupidité en tout le reste.

XV. Tum primum intellexi ad eam rem istos fratres cybiratas fuisse, ut iste in furando manibus suis, oculis illorum uteretur. At ita studiosus est hujus præclaræ existimationis, ut putetur in hisce rebus intelligens esse, ut nuper (videte hominis amentiam) posteaquam est comperendinatus, quum jam pro damnato mortuoque esset, ludis circensibus mane apud L. Sisennam, virum primarium, quum essent triclinia strata, argentumque expositum in ædibus, quum pro dignitate L. Sisennæ domus esset plena hominum honestissimorum, accesserit ad argentum ; contemplari unumquodque otiose et considerare cœperit. Mirari stultitiam alii, quod in ipso judicio, ejus ipsius cupiditatis, cujus insimularetur, suspicionem augeret ; alii amentiam, cui comperendinato, quum tam multi testes dixissent, quidquam illorum veniret in mentem : pueri autem Sisennæ, credo, qui audivissent quæ in istum testimonia essent dicta, oculos de isto nusquam dejicere, neque ab argento digitum discedere.

35. Est boni judicis parvis ex rebus conjecturam facere uniuscujusque, et cupiditatis, et incontinentiæ : qui reus lege, et reus comperendinatus, re, opinione hominum pæne damnatus, temperare non potuerit, maximo conventu, quin L. Sisennæ argentum tractaret et consideraret ; hunc in provincia prætorem quisquam putabit a Siculorum argento cupiditatem aut manus abstinere potuisse ?

XVI. Verum uti Lilybæum, unde digressa est, oratio revertatur. Diocles est Pamphili gener illius a quo hydria ablata est, Popilius cognomine : ab hoc abaci vasa omnia, ut exposita fuerant, abstulit. Dicat se emisse : etenim hic, propter magnitudinem furti, sunt, ut opinor, litteræ factæ : jussit Timarchidem æstimare argentum. Quo modo ? quo qui unquam tenuissime in donatione histrionum æstimavit. Tametsi jamdudum erro, qui tam multa de tuis emptionibus verba faciam, et quæram utrum emeris necne, et quomodo, et quanti emeris ; quod verbo transigere possum. Ede mihi scriptum, quid

XV. Ce récit de Pamphile me fit comprendre qu'il entretenait auprès de lui ces deux frères, afin de voir les choses par leurs yeux avant de faire agir ses mains. Il est si jaloux de la réputation de connaisseur en ce genre, que dernièrement (admirez son extravagance), quoique son affaire eût été remise au surlendemain, qu'il fût déjà condamné et mort civilement aux yeux du public, il alla le matin, durant les jeux du cirque, chez L. Sisenna, citoyen recommandable. Comme il y avait des tables dressées, que l'argenterie était posée sur les buffets, et que la maison de l'illustre Sisenna était remplie d'honnêtes gens, il s'approcha de l'argenterie, et se mit à considérer, à examiner chaque pièce à loisir. Les uns admirèrent son imprudence d'augmenter ainsi, à la veille de son jugement, les soupçons des crimes dont on l'accusait; les autres sa folie, de ce que, renvoyé à la prochaine audience, et tant de témoins ayant déposé contre lui, il ne pensait à rien de tout cela. A l'égard des esclaves de Sisenna, qui avaient sans doute entendu parler des témoignages rendus contre lui, ils suivirent des yeux tous ses mouvements, et ne s'éloignèrent point de l'argenterie.

35. Un juge éclairé tire des conjectures des plus petites choses, pour décider quelle est dans un homme la passion dominante, et la force de cette passion. Or, si, accusé suivant la loi, et renvoyé à une prochaine audience, presque condamné réellement et dans l'opinion publique, il n'a pu s'empêcher, dans une nombreuse assemblée, de manier et de considérer l'argenterie de Sisenna; est-il probable que lorsqu'il était préteur en Sicile, il ait été assez maître de lui-même pour ne point désirer ni prendre la vaisselle d'argent des Siciliens?

XVI. Mais revenons à Lilybée, d'où nous nous sommes éloignés. Dioclès, surnommé Popilius, citoyen de cette ville, est le gendre de Pamphile, à qui Verrès prit ce grand vase d'argent. Son argenterie eut le même sort, elle fut enlevée de dessus le buffet. Qu'il dise qu'il l'a achetée; car sans doute l'importance du vol l'aura déterminé à en faire mention sur ses registres. Il ordonna à Timarchide d'évaluer cette vaisselle. Comment se fit cette estimation? On la mit à un plus bas prix qu'on n'a jamais estimé ce qui se donne aux comédiens. Mais je m'éloigne du fait: pourquoi tant parler sur vos acquisitions, et demander si vous en avez fait quelques-unes? de quelle manière et à quel prix? Un mot seul peut résoudre toute la difficulté. Montrez-moi un mé-

argenti in provincia pararis, unde quidque aut quanti emeris.

37. Quid fit? quanquam non debebam ego abs te has litteras poscere ; me enim tabulas tuas habere et proferre oportebat : verum negas te horum annorum aliquot confecisse : compone hoc, quod postulo, de argento : de reliquo videro. *Nec scriptum habeo, nec possum edere.* Quid futurum igitur? Quid existimas hosce judices facere posse? domus plena signorum pulcherrimorum, jam etiam ante præturam; multa ad villas tuas posita, apud amicos multa deposita, multa aliis data atque donata, tabulæ nullum indicant emptum : omne argentum ablatum ex Sicilia est : nihil cuiquam, quod suum dici vellet, relictum : fingitur improba defensio, prætorem omne id argentum coemisse : tamen id ipsum tabulis demonstrari non potest : si quas tabulas profers, in his, quid habeas, quomodo habeas, scriptum non est : horum temporum, quum te plurimas res emisse dicas, tabulas omnino nullas proferas ; nonne te et prolatis, et non prolatis, tabulis condemnari necesse est?

XVII. Tu a M. Cœlio, equite romano, lectissimo adolescente, quæ voluisti, vasa argentea Lilybæi abstulisti ; tu C. Cacurii, promptissimi hominis, et experientis, et in primis gratiosi, supellectilem omnem auferre non dubitasti : tu maximam et pulcherrimam mensam citream a Q. Lutatio Diodoro, qui, Q. Catuli beneficio, a L. Sylla civis romanus factus est, omnibus scientibus Lilybæi abstulisti. Non tibi objicio quod hominem dignissimum tuis moribus, Apollonium, Niconis filium, Drepanitanum, qui nunc A. Clodius vocatur, omni argento optime facto spoliasti ac depeculatus es : taceo ; non enim putat ille sibi injuriam factam ; propterea quod homini jam perdito et collum in laqueum inserenti subvenisti, quum pupillis drepanitanis bona patria erepta cum illo partitus es : gaudeo etiam, si quid ab illo abstulisti ; et abs te nihil rectius factum esse dico. A Lysone vero

moire qui porte, ce que vous avez acheté d'argenterie en Sicile, de qui, et à quel prix vous l'avez acheté.

37. Pourquoi refusez-vous de le montrer? que dis-je, est-ce à moi à vous demander vos registres? ne dois-je donc point les avoir entre les mains et les produire? Vous dites que pendant ces années-là, vous n'en avez point tenu. Fournissez-moi au moins des éclaircissements sur l'argenterie dont il s'agit, nous verrons ensuite pour le reste. Je n'ai point de registres, répliquez-vous, je ne puis en présenter. Quel parti prendrons-nous donc? que pensez-vous que puissent faire ces juges? Avant même votre préture, votre maison était pleine des plus belles statues; vous en avez orné vos maisons de campagne, vous en avez mis en dépôt chez vos amis, vous en avez donné, et cependant vos livres ne font point foi que vous en ayez acheté aucune. Toute l'argenterie de la Sicile a disparu; Verrès n'a rien laissé à personne de ce qu'il a eu envie de s'approprier. On se retranche sur cette mauvaise défense, que le préteur a tout acheté, et cela ne se trouve écrit nulle part. Si vous présentez quelques registres, on n'y trouve ni la qualité des choses, ni les moyens employés pour leur acquisition. Or, soutenir que, durant votre préture, vous avez acheté tant d'effets, et ne présenter aucun titre qui prouve ces achats, n'est-ce pas mettre les juges dans la nécessité de vous condamner, et pour les mémoires insuffisants que vous leur présentez, et pour ceux que vous ne pouvez produire?

XVII. C'est à M. Cœlius, jeune chevalier romain très-distingué, que vous avez pris dans Lilybée les vases d'argent qui vous ont plu. C. Cacurius est un homme brave, habile et fort estimé; cependant vous avez osé emporter tous ses meubles précieux. Cette grande et magnifique table de bois de citronnier qu'avait Q. Lutatius Diodorus, qui, par le moyen de Catulus, reçut de Sylla le titre de citoyen romain, ne l'avez-vous pas enlevée publiquement dans Lilybée? Je ne vous reproche point d'avoir pillé un homme dont les mœurs ressemblent si bien aux vôtres, Apollonius de Drépane, fils de Nicon, et qui porte aujourd'hui le nom d'A. Clodius : vous l'avez dépouillé de toute sa belle argenterie; je passe ce fait, car il ne pense pas que vous lui ayez fait une injustice. Il sait qu'il était perdu, et que vous l'avez sauvé en vous associant avec lui pour partager le patrimoine des pupilles de Drépane. Si vous lui avez enlevé quelque chose, je m'en réjouis avec vous : c'est ce que vous avez fait de mieux. Mais pour Lyson, cet homme si distingué

Lilybætano, primo homine apud quem diversatus es, Apollinis signum ablatum certe esse non oportuit. At dices te emisse. Scio : H-S mille. Ita opinor : scio, inquam. Proferam litteras : et tamen id factum non oportuit. A pupillo Hejo, cui Marcellus tutor est, a quo pecuniam grandem eripueras, scaphia cum emblematis Lilybæi utrum empta esse dicis, an confiteris erepta ?

39. Sed quid ego istius in ejusmodi rebus mediocres injurias colligo, quæ tantummodo in furtis istius, et damnis eorum a quibus auferebat, versatæ esse videantur? Accipite, si vultis, judices, rem ejusmodi, ut amentiam singularem, ut furorem, non cupiditatem ejus perspicere possitis.

XVIII. Melitensis Diodorus est, qui apud vos antea testimonium dixit : is Lilybæi multos jam annos habitat homo, et domi nobilis, et apud eos quo se contulit, propter virtutem splendidus et gratiosus : de hoc Verri dicitur habere eum perbona toreumata : in his pocula duo quidam, quæ Thericlea nominantur, Mentoris manu, summo artificio, facta. Quod iste ubi audivit, sic cupiditate inflammatus est, non solum inspiciendi, verum etiam auferendi, ut Diodorum ad se vocaret ac posceret. Ille, qui illa non invitus haberet, respondet se Lilybæi non habere : Melitæ apud quemdam propinquum suum reliquisse.

41. Tum iste continuo mittit homines certos Melitam ; scribit ad quosdam Melitenses ut ea vasa perquirant : rogat Diodorum ut ad illum suum propinquum det litteras : nihil ei longius videbatur, quam dum illud videret argentum. Diodorus, homo frugi ac diligens, qui sua servare vellet, propinquo suo scribit ut iis qui a Verre venissent responderet illud argentum se paucis illis diebus misisse Lilybæum. Ipse interea recedit : abesse a domo paulisper maluit, quam præsens illud optime factum argentum amittere. Quod ubi audivit iste, usque eo est commotus, ut sine ulla dubitatione insanire omnibus ac furere videretur : quia non potuerat argentum eripere,

dans Lilybée, chez qui vous logiez alors, il ne convenait certainement pas de lui enlever sa statue d'Apollon. Vous direz que vous l'avez achetée : oui, mille sesterces, si je ne me trompe. Je le sais, et je produirai l'acte de cet achat ; néanmoins, je le répète, cela ne convenait pas. Soutiendrez-vous encore que, dans la même ville, vous avez acheté à Héjus, pupille de Marcellus, de qui vous aviez déjà extorqué une grosse somme d'argent, ses gondoles ornées d'emblèmes, ou convenez-vous de bonne foi que vous les avez volées ?

39. Mais pourquoi rappeler toutes ces petites injustices, dont le détail ne montre que rapines d'un côté, et pertes de l'autre. Ecoutez, je vous prie, juges, un fait qui prouve moins son avarice et sa cupidité, qu'une extravagance singulière et une sorte de fureur.

XVIII. Parmi les témoins que vous avez déjà ouïs, il y a un certain Diodorus de Malte. Depuis plusieurs années, il habite à Lilybée ; distingué dans sa patrie, il s'est fait encore respecter et chérir de ceux chez qui il a transporté son domicile. Verrès est instruit que cet homme avait de très-beaux vases ciselés, et entre autres deux coupes de celles qu'on nomme Thériclées, deux chefs-d'œuvre de Mentor : à cette nouvelle, impatient de les voir et de les prendre, il fait venir Diodorus, et les lui demande ; celui-ci, désirant les conserver, dit qu'il ne les a point à Lilybée, qu'il les a laissées à Malte chez un de ses parents.

41. Verrès envoie sur-le-champ des hommes affidés dans cette île, mande à quelques-uns des habitants de faire enquête de ces vases, presse Diodorus d'écrire à son parent. Rien ne lui paraissait si long que le temps qu'il fallait pour faire venir ces vases. Diodorus, homme économe et soigneux, qui veut conserver son bien, écrit à son parent de dire à ceux qui viendraient de la part de Verrès, qu'il avait fait partir depuis peu de jours ces vases pour Lilybée. Il s'absente en attendant, aimant mieux quitter sa maison que de voir enlever sous ses yeux ces vases si bien travaillés. Verrès, instruit de sa retraite, en est tellement irrité, qu'on le croit tombé en démence et devenu furieux. N'ayant pu dépouiller Diodorus de son argenterie, il l'accuse de lui avoir

ipse a Diodoro erepta sibi vasa optime facta dicebat : minitari absenti Diodoro : vociferari palam : lacrymas interdum vix tenere. Eriphylam accepimus in fabulis ea cupiditate, ut, quum vidisset monile, ut opinor, ex auro et gemmis, pulchritudine ejus incensa, salutem viri proderet. Similis istius cupiditas : hoc etiam acrior atque insanior, quod illa cupiebat id quod viderat : hujus libidines non solum oculis, sed etiam auribus excitabantur.

XIX. Conquiri Diodorum tota provincia jubet : ille ex Sicilia jam castra moverat, et vasa collegerat. Homo, ut aliquo modo illum in provinciam revocaret, hanc excogitavit rationem, si hæc ratio potius quam amentia nominanda est : apponit de suis canibus quemdam, qui dicat se Diodorum Melitensem rei capitalis reum velle facere. Primo mirum omnibus videri, Diodorum reum, hominem quietissimum, ab omni non modo facinoris, verum etiam minimi errati suspicione remotissimum : deinde esse perspicuum fieri omnia illa propter argentum. Iste non dubitat jubere nomen deferri : et tum primum opinor istum absentis nomen recepisse.

43. Res clara Sicilia tota, propter cælati argenti cupiditatem reos fieri rerum capitalium : neque solum præsentes reos fieri, sed etiam absentes. Diodorus Romæ sordidatus circum patronos atque hospites cursare : rem omnibus narrare. Litteræ mittuntur isti a patre vehementes, ab amicis item, videret quid ageret de Diodoro, quo progrederetur ; rem claram esse et invidiosam : insanire hominem : periturum hoc uno crimine, nisi cavisset. Iste etiam tum patrem, si non in parentis, at in hominum numero putabat : ad judicium nondum se satis instruxerat ; primus annus erat provinciæ ; non, ut in Sthenio, jam refertus pecunia : itaque furor ejus, paululum non pudore, sed metu ac timore repressus est : condemnare Diodorum non audet : absentem de reis eximit. Diodorus interea, prætore isto, prope triennium provincia domoque caruit. Ceteri non solum Siculi, sed

volé des vases d'une rare beauté : il le menace, tout absent qu'il est ; il pousse des cris et des hurlements ; quelquefois à peine peut-il retenir ses larmes. Nous lisons dans la fable qu'Ériphyle, à la vue d'un collier d'or enrichi de pierreries, poussée du désir violent de l'obtenir, trahit et sacrifia son époux : voilà l'image de la cupidité de Verrès. Elle est même plus vive et plus déraisonnable ; car Ériphyle était tentée par un objet présent ; et les désirs de Verrès étaient excités, non-seulement par les yeux, mais encore par les oreilles.

XIX. Il ordonne de chercher Diodorus dans toute la Sicile, mais il était déjà sorti avec ses vases. Verrès, pour le faire revenir, imagina cet expédient, ou, pour mieux dire, cette extravagance. Il lâche un de ses chiens pour répandre le bruit qu'il va faire un procès criminel à Diodorus. On est surpris d'abord d'entendre accuser Diodorus, l'homme le plus pacifique, et que personne n'a jamais soupçonné, je ne dis pas d'un crime, mais même de la plus légère faute. On conçoit bientôt clairement que son argenterie est le motif de tout ce manége. Cependant Verrès n'hésite point à prononcer qu'on le citera en justice ; et ce fut vraisemblablement la première plainte qu'il reçut contre un absent.

43. Alors toute la Sicile vit que cette avidité de Verrès pour la vaisselle bien travaillée, ne craignait pas de multiplier les accusations capitales, et qu'on poursuivait les absents comme ceux qui étaient dans le pays. Diodorus, avec l'extérieur d'un suppliant, court ici chez ses protecteurs et ses amis, et leur détaille à tous son malheur. Verrès reçoit de son père une lettre pressante ; ses amis lui écrivent sur le même ton. Tous l'avertissent de prendre garde à l'action qu'il intente contre Diodorus, d'envisager où cette démarche peut le conduire. Ils lui représentent que la vérité est connue, que son procédé le rend odieux, qu'il y a de la folie dans cette accusation, et que, s'il n'y fait attention, cette affaire seule le perdra. Verrès alors regardait son père comme un homme, s'il ne le regardait pas comme l'auteur de ses jours. Il n'avait pas encore amassé assez d'argent pour essayer de corrompre ses juges ; c'était la première année de sa préture. Il n'était pas encore fort riche, comme dans l'affaire de Sthénius. Ainsi la crainte du châtiment, plutôt que la honte du crime, mit un frein à sa fureur. Il n'ose condamner Diodorus ; il l'efface de la liste des accusés. Cependant Diodorus, pendant les trois ans que dura la préture de Verrès, ne parut point en Sicile, et s'était éloigné de sa maison. Tous les Siciliens et les

etiam cives romani hoc statuerant, quoniam iste tantum cupiditate progrederetur, nihil esse quod quisquam putaret se, quod isti paulo magis placeret, conservare, aut domi retinere posse.

XX. Postea vero quam intellexerunt, isti virum fortem quem summe provincia exspectabat, Q. Arrium non succedere, statuerunt se nihil tam clausum neque tam reconditum posse habere, quod non istius cupiditati apertissimum promptissimumque esset. Tum iste ab equite romano splendido et gratioso, Cn. Calidio, cujus filium sciebat senatorem populi romani et judicem esse, equuleos argenteos nobiles, quique maximi fuerant, aufert.

45. Imprudens huc incidi, judices; emit enim, non abstulit : nollem dixisse; jactabit se, et in his equitabit equuleis : Emi; pecuniam solvi. Credo, etiam tabulæ proferentur; est tanti : cedo tabulas : dilue sane crimen hoc calidianum, dum ego tabulas adspicere possim. Verum tamen quid erat, quod Calidius Romæ quereretur se, quum tot annos in Sicilia negotiaretur, abs te solo ita esse contemptum, ita despectum, ut etiam una cum ceteris Siculis despoliaretur? si emeras, quid erat quod confirmabat se abs te argentum esse repetiturum, si tibi sua voluntate vendiderat? Tu porro posses facere ut Cn. Calidio non redderes? præsertim quum is L. Sisenna, defensore tuo, tam familiariter uteretur, et quum ceteris familiaribus Sisennæ reddidisses?

46. Denique non opinor negaturum esse te homini honesto, sed non gratiosiori quam Calidius est, L. Cordio argentum per Potamonem, amicum tuum, reddidisse : qui quidem ceterorum causam apud te difficiliorem fecit. Nam quum de compluribus confirmasses redditurum, posteaquam Cordius pro testimonio dixit te sibi reddidisse, finem reddendi fecisti : quod intellexisti te, præda de manibus amissa, testimonium tamen effugere non posse. Cn. Calidio, equiti romano, per omnes prætores licuit argentum habere bene factum, licuit posse domesticis copiis, quum magistratum aut aliquem superiorem invitasset, ornare et apparare convivium : multi

citoyens romains qui sont dans cette île, voyant jusqu'où Verrès se laissait entraîner par sa passion, jugèrent bien qu'ils ne devaient pas se flatter de conserver chez eux rien de ce qui lui ferait plaisir.

XX. Mais quand ils eurent appris que Q. Arrius, homme ferme et impatiemment attendu par toute la province, ne succédait pas à Verrès, ils désespérèrent de trouver le moyen de cacher et de dérober à son industrieuse cupidité leurs effets les plus précieux. Cn. Calidius, chevalier romain, vivant noblement et jouissant de la faveur du peuple, avait son fils sénateur et juge à Rome; quoique Verrès ne l'ignorât pas, il lui enleva de beaux vases d'argent ornés de chevaux en relief, et qui avaient toujours passé pour être d'un très-grand prix.

45. J'ai avancé ce fait témérairement, juges; car il les a achetés, il ne les a point volés; je voudrais n'en avoir point parlé. Il va se faire valoir, il va triompher. Je les ai achetés, je les ai payés; on produira les registres. L'importance de la chose exige en effet que vous les produisiez : montrez-les-moi. Si je puis les lire, dès lors vous êtes disculpé du crime dont vous accuse Calidius. Mais si vous les aviez achetés, pourquoi Calidius se plaignait-il à Rome? Pourquoi disait-il que depuis tant d'années qu'il trafiquait dans la Sicile, vous seul l'aviez méprisé jusqu'à le dépouiller comme les autres Siciliens? S'il vous les avait vendus librement, pourquoi publiait-il qu'il les réclamait? et vous-même, pouviez-vous refuser de les rendre, surtout puisque Calidius était le grand ami de L. Sisenna, votre protecteur, et que vous aviez fait restitution aux autres amis de Sisenna?

46. Enfin, je crois que vous conviendrez que votre ami Potamon a restitué de votre part l'argenterie de L. Cordius, homme respectable sans doute, mais qui n'est pas plus accrédité que Calidius. Ce Cordius vous rendit plus difficile à restituer aux autres ce que vous leur aviez pris. Car, quoique vous eussiez promis à plusieurs de restituer, quand Cordius eut dit en justice que vous lui aviez rendu, vous avez cessé de rendre, parce que vous avez compris que c'était lâcher votre proie, sans espérance de fermer la bouche aux témoins. Tous les autres préteurs ont laissé à C. Calidius, chevalier romain, sa belle argenterie; il lui a été libre, toutes les fois qu'il invitait quelque magistrat ou quelque grand, d'orner sa table de ce qu'il avait de plus

domi Cn. Calidii cum imperio ac potestate fuerunt : nemo inventus est tam amens, qui illud argentum tam præclarum ac tam nobile eriperet : nemo tam audax, qui posceret : nemo tam impudens, qui postularet ut venderet.

47. Superbum est enim, judices, et non ferendum, dicere prætorem in provincia homini honesto, locupleti, splendido : *Vende mihi vasa cælata* : hoc est enim dicere : Non es dignus tu qui habeas quæ tam bene facta sint; meæ dignitatis ista sunt. Tu dignior, Verres, quam Calidius? qui (ut non conferam vitam atque existimationem tuam cum illius, neque enim est conferenda ; hoc ipsum conferam, quo te superiorem fingis), quod H-S LXXX millia divisoribus ut prætor renuntiarere, dedisti; trecenta accusatori ne tibi odiosus esset, ea re contemnis equestrem ac despicis ? ea re indignum tibi visum est quidquam quod tibi placeret Calidium potius habere quam te !

XXI. Jactat se jamdudum de Calidio : narrat omnibus se emisse. Num etiam de L. Papirio, viro primario, locuplete honestoque equite romano, thuribulum emisti ? qui pro testimonio dixit te, quum inspiciendum poposcisses, avulso emblemate remisisse : ut intelligatis in homine intelligentiam esse, non avaritiam; artificii cupidum, non argenti fuisse. Nec solum in Papirio fuit hæc abstinentia : tenuit hoc institutum in thuribulis omnibus quæcunque in Sicilia fuerunt : incredibile est autem quam multa et quam præclara fuerint. Credo tum, quum Sicilia florebat opibus et copiis, magna artificia fuisse in ea insula : nam domus erat ante istum prætorem nulla paulo locupletior, qua in domo hæc non essent, etiamsi præterea nihil esset argenti, patella grandis cum sigillis ac simulacris deorum; patera, qua mulieres ad res divinas uterentur; thuribulum : hæc autem omnia antiquo

beau. Il a reçu dans sa maison des hommes revêtus du pouvoir de la république, et il ne s'en est trouvé aucun assez téméraire pour lui enlever une si belle et si précieuse vaisselle, aucun assez hardi pour la lui demander, ou assez impudent pour exiger qu'il la lui vendît.

47. En effet, juges, c'est un orgueil insupportable d'entendre un préteur, dans sa province, dire à un homme respectable, et qui se fait honneur de son bien : *Vendez-moi ces vases ciselés.* N'est-ce point dire : Vous n'êtes pas digne de posséder de si belles pièces ; elles sont faites pour un homme comme moi ? Quoi ! Verrès, vous avez plus de mérite que Calidius ? Sans comparer ici sa conduite et sa réputation avec votre renommée et avec vos mœurs (car le parallèle n'est plus admissible), je rappellerai seulement l'avantage sur lequel vous fondez votre supériorité. Le voici : vous avez donné quatre-vingt mille sesterces aux chefs des tribus, pour être fait préteur ; trois cent mille à l'accusateur public, pour qu'il ne traversât point votre élection. Voilà ce qui vous a fait mépriser l'ordre des chevaliers ; voilà ce qui vous a porté à croire que Calidius ne devait pas avoir préférablement à vous, quelque chose qui vous plaisait.

XXI. Il y a longtemps qu'il parle avec confiance de l'affaire de Calidius ; il assure à tout le monde qu'il a acheté ces vases d'argent. Verrès, n'avez-vous point aussi acheté l'encensoir de L. Papirius, chevalier romain, homme noble, riche et vertueux ? Il a dit, dans sa déposition, qu'ayant demandé à le voir, vous le lui aviez renvoyé, après en avoir ôté les figures. Vous comprenez ici, que c'est son goût pour les belles choses, et non l'esprit d'intérêt, qui le conduit. Il préfère la beauté du travail à la richesse de la matière. Ce n'est point à l'égard du seul Papirius que notre préteur a été si modéré ; il a usé de la même retenue pour tous les encensoirs qu'il a trouvé en Sicile. Or, on ne saurait comprendre le nombre et la beauté de ceux que l'on y voyait. Je suis persuadé que la Sicile, dans les temps de sa splendeur et de son opulence, possédait une infinité de chefs-d'œuvre en ce genre. Car, avant la préture de Verrès, il n'y avait point de maison un peu aisée, où, lors même qu'il n'y avait point d'autre argenterie, on ne trouvât un plat orné de gravures et de figures des dieux, un encensoir, une coupe dont les femmes se servaient pour les sacrifices et les cérémonies religieuses. Toutes ces pièces étaient des

opere et summo artificio facta; ut hoc liceret suspicari, fuisse aliquando apud Siculos peræqua proportione cetera; sed quibus multa fortuna ademisset, tamen apud eos remansisse ea quæ religio retinuisset.

49. Dixi, judices, multa fuisse fere apud Siculos omnes; ego idem confirmo, nunc ne unum quidem esse. Quid hoc est? quod monstrum, quod prodigium in provinciam misimus? nonne vobis id egisse videtur, ut non unius libidinem, non suos oculos, sed omnium cupidissimorum insanias, quum Romam revertisset, expleret? qui simul atque in oppidum quod piam venerat, immittebantur illi continuo cybiratici canes, qui investigabant et perscrutabantur omnia. Si quod erat grande vas et majus opus inventum, læti auferebant: si minus ejusmodi quidpiam venari potuerant, illa quidem certe pro lepusculis capiebantur, patellæ, pateræ, thuribula. Hic quos putatis fletus mulierum? quas lamentationes fieri solitas in hisce rebus? quæ forsitan vobis parvæ esse videantur: sed magnum et acerbum dolorem commovent, mulierculis præsertim, quum eripiuntur e manibus ea quibus ad res divinas uti consuerunt, quæ a suis acceperunt, quæ in familia semper fuerunt.

XXII. QUARTA NARRATIO. *De variis furtis.* Hic nolite exspectare dum ego crimen agam ostiatim; ab Æschylo Tyndaritano istum pateram abstulisse; a Thrasone item Tyndaritano patellam; a Nymphodoro Agrigentino thuribulum: quum testes ex Sicilia dabo, quem volet, ille eligat, quem ego interrogem de patellis, pateris, thuribulis: non modo oppidum nullum, sed ne domus quidem paulo locupletior, expers hujus injuriæ reperietur: qui, quum in convivium venisset, si quidquam cælati adspexerat, manum abstinere, judices, non poterat. Cn. Pompeius est Philo qui fuit Tyndaritanus: is cœnam isti dabat apud villam in tyndaritano: fecit quod Siculi non audebant: ille, civis romanus quod erat, impunius id se facturum putavit: apposuit patellam in qua sigilla erant egregia. Iste continuo vidit: non dubi-

morceaux antiques, travaillés avec un art admirable. De là on pouvait conjecturer qu'autrefois, chez les Siciliens, on trouvait à proportion tous les autres ustensiles d'argent; que la fortune leur en avait enlevé une grande partie, mais qu'ils avaient conservé tout ce qui était consacré par la religion.

49. J'ai dit, juges, qu'il y avait chez presque tous les Siciliens beaucoup de ces vases, et j'avance hardiment que maintenant il n'y en a pas un seul. Quel monstre nous avons envoyé dans cette malheureuse province! Ne diriez-vous pas qu'il s'est proposé non-seulement de satisfaire sa passion et ses yeux, mais encore d'assouvir, à son retour à Rome, les désirs des hommes les plus passionnés. Entrait-il dans une ville, il lâchait aussitôt ses chiens, je veux dire les deux Cybirates, qui allaient à la découverte, pour qui rien n'était caché. Trouvaient-ils quelque grand vase, quelque ouvrage de prix, ils s'en saisissaient et revenaient charmés de leur butin. Quand ils ne pouvaient faire aussi bonne chasse, ils prenaient du moins, comme autant de menu gibier, les plats, les coupes, les encensoirs. Quels gémissements! quelles larmes ces pertes coûtaient aux femmes! Peut-être regardez-vous ces choses comme de petits objets; mais qu'elles causent de cruelles douleurs, surtout à de faibles femmes, lorsqu'elles se voient arracher ces vases, qui leur ont toujours servi pour le culte des dieux, qui de tout temps ont été dans leur famille, et qu'elles ont hérités de leurs pères!

XXII. N'attendez pas, qu'entrant dans le détail de l'accusation et parcourant toutes les maisons de la Sicile, je vous dise : Il a enlevé une coupe à Eschyle de Tyndare, un vase à Thrason, citoyen de la même ville, un encensoir à Nymphodorus d'Agrigente. Lorsque je ferai entendre les témoins venus de la Sicile, que Verrès choisisse celui qu'il veut que j'interroge sur l'enlèvement des vases, des coupes, des encensoirs; vous verrez qu'il n'y a pas de ville, pas même de maison un peu riche qui ait été à l'abri de ses rapines. Était-il invité à un repas; la vue de quelque pièce de vaisselle bien travaillée le transportait, il n'était pas maître de ses mains. Cn. Pompée Philon était autrefois citoyen de Tyndare. Il invita Verrès à souper dans sa maison de campagne, proche de la ville. Il fit ce que les Siciliens n'osaient faire; comme il était citoyen romain, il crut qu'il le ferait sans risque : il mit sur sa table un vase embelli de magnifiques cachets. Dès que Verrès voit ce vase consacré aux dieux

tavit illud insigne penatium hospitaliumque deorum ex hospitali mensa tollere : sed tamen, quod antea de istius abstinentia dixeram, sigillis avulsis, reliquum argentum sine ulla avaritia reddidit.

51. Quid? Eupolemo Calactino, homini nobili, Lucullorum hospiti ac perfamiliari, qui nunc apud exercitum cum L. Lucullo est, non idem fecit? cœnabat apud eum : argentum ille ceterum purum apposuerat, ne purus ipse relinqueretur; duo pocula non magna, verumtamen cum emblematis. Hic, quasi festivum acroama, ne sine corollario de convivio discederet, ibidem, convivis inspectantibus, emblemata avellenda curavit. Neque ego nunc istius facta omnia enumerare conor : neque opus est, nec fieri ullo modo potest. Tantummodo unius cujusque de varia improbitate generis indicia apud vos et exempla profero : neque enim ita se gessit in his rebus, tanquam rationem aliquando esset redditurus ; sed prorsus ita quasi aut reus nunquam esset futurus, aut, quo plura abstulisset, eo minore periculo in judicium esset venturus : qui hæc, quæ dico, jam non occulte, non per amicos atque interpretes, sed palam, de loco superiore, ageret pro imperio et potestate.

XXIII. Catinam quum venisset, oppidum locuples, honestum, copiosum, Dionysiarchum ad se proagorum, hoc est, summum magistratum, vocari jubet : ei palam imperat ut omne argentum quod apud quemque esset Catinæ, conquirendum curaret et ad se transferendum. Philarchum Centuripinum, primum hominem genere, virtute, pecunia, non hoc idem juratum dicere audistis, sibi istum negotium dedisse, atque imperavisse ut Centuripinis, in civitate totius Siciliæ multo maxima et locupletissima, omne argentum conquireret et ad se comportari juberet? Agyrio, similiter istius imperio, vasa corinthia per Apollodorum, quem testem audistis, Syracusas deportata sunt.

53. Quinta narratio. *De Archagatho.* Illa vero optima, quod, quum ad Haluntium venisset prætor laboriosus et diligens, ipse in oppidum accedere noluit, quod

pénates et aux dieux hospitaliers, il a la hardiesse de le prendre sur la table de son hôte ; mais, par une suite de cette modération dont j'ai déjà parlé, après avoir détaché les pièces de gravure, il laissa généreusement l'argenterie.

51. Quoi ! n'en fit-il pas autant à Eupolème, illustre citoyen de Galacte, l'hôte et l'ami de la famille des Lucullus, et qui est maintenant à l'armée auprès de L. Lucullus ? Verrès soupait chez lui : celui-ci avait fait servir son argenterie sans ornement et toute nue, pour n'être pas dépouillé lui-même. Il n'y eut que deux petites coupes qu'on servit avec leurs emblèmes. Aussitôt Verrès, comme s'il eût été le bouffon de la fête, ne voulut point sortir de table sans avoir sa récompense, et fit détacher ces emblèmes en présence de tous les convives. Je ne prétends pas donner un détail circonstancié de toute sa conduite ; la chose n'est ni nécessaire ni possible. Je parcours sommairement les différentes espèces de crimes, et je cite un exemple de chacune ; car il s'est conduit, non en homme qui devait un jour rendre compte, mais absolument comme s'il n'eût jamais dû être accusé, ou que plus il aurait pillé, moins il aurait à craindre les lois et la justice. Aussi n'a-t-il rien fait sourdement, ou par des amis ou par des agents ; il a commis le crime le front levé, sur les tribunaux où il était assis pour rendre la justice, et il a fait servir à ses desseins son pouvoir et son autorité.

XXIII. Arrivé à Catane, ville considérable et très-opulente, il mande Dionysiarque, qui en était le premier magistrat, et lui ordonne publiquement de faire rechercher toute l'argenterie qui est dans la ville, et de la lui faire apporter. Philarque de Centorbe, que sa naissance, sa vertu, ses richesses mettent à la tête des citoyens de cette ville, n'a-t-il pas déposé, après avoir promis par serment de dire la vérité, qu'il avait reçu ordre de faire la même recherche à Centorbe, une des principales villes et des plus riches de la Sicile, et de lui envoyer tout ce qu'il pourrait découvrir ? Agyrium fut de même, suivant ses ordres, dépouillée de ses vases de Corinthe par Apollodore que vous avez déjà entendu, et qui les fit porter à Syracuse.

53. Mais voici le trait le plus frappant. Notre préteur, laborieux et vigilant, arrivé proche d'Haluntium, refuse d'aller jusqu'à la ville, parce qu'elle était élevée, et que les che-

erat difficili adscensu atque arduo ; Archagathum Haluntinum, hominem non solum domi suæ, sed tota Sicilia imprimis nobilem, vocari jussit : ei negotium dedit ut quidquid Haluntii esset argenti cælati, aut, si quid etiam corinthiorum, id omne statim ad mare ex oppido deportaretur. Adscendit in oppidum Archagathus, homo nobilis, qui a suis et amari et diligi vellet : ferebat graviter illam sibi ab isto provinciam datam; nec quid faceret, habebat : pronuntiat quid sibi imperatum esset: jubet omnes proferre quæ haberent ; metus erat summus ; ipse enim tyrannus non discedebat longius ; Archagathum et argentum, in lectica cubans ; ad mare infra oppidum exspectabat.

54. Quem concursum in oppido factum putatis? quem clamorem ? quem porro fletum mulierum ? Qui viderent equum trojanum introductum, urbem captam esse dicerent : efferri sine thecis vasa, extorqueri alia de manibus mulierum, effringi multorum fores, revelli claustra. Quid enim putatis? scuta si quando conquiruntur a privatis in bello ac tumultu, tamen homines inviti dant, etsi ad salutem communem dari sentiunt : ne quem putetis sine maximo dolore argentum cælatum domo, quod alter eriperet, protulisse : omnia deferuntur : cybiratæ fratres vocantur : pauca improbant : quæ probarant, iis crustæ, aut emblemata detrahuntur. Sic Haluntini, excussis deliciis, cum argento puro domum reverterunt.

XXIV. Quod unquam, judices, hujusmodi everriculum in illa provincia fuit? Avertere aliquid de publico quam obscurissime per magistratum solebant : etiam aliquid de privato nonnunquam occulte auferebant; et illi tamen condemnabantur : et si quæritis, ut ipse de me detraham, illos ego accusatores puto fuisse, qui hujusmodi hominum furta odore, aut aliquo leviter presso vestigio persequebantur. Nam nos quidem quid facimus in Verre, quem in luto volutatum totius corpo-

mins étaient difficiles à gravir. Il fait venir Archagathe, citoyen de cette ville, homme respecté dans sa patrie et dans toute la Sicile, lui donne la commission de faire transporter au plus tôt sur le bord de la mer, où il l'attend, tout ce qu'il pourrait trouver dans la ville, ou d'argenterie bien travaillée, ou de vases de Corinthe. Archagathe remonte à la ville. Cet honnête homme, qui souhaitait de se conserver l'estime et l'amitié de ses concitoyens, était très-fâché de la commission qu'il avait reçue, et ne savait comment l'annoncer. Il déclare cependant l'ordre du préteur, et enjoint à ses concitoyens d'apporter ce qu'ils ont de plus précieux. La crainte et la consternation étaient générales, car le tyran ne s'éloignait pas : couché dans sa litière, il attendait sur le rivage au-dessous de la ville, Archagathe avec l'argenterie.

54. Qui pourrait se représenter le tumulte que cet ordre causa dans la ville, les cris et les lamentations des femmes! Ceux qui en auraient été témoins, auraient dit que le cheval de Troie avait été introduit dans la ville, et qu'elle était déjà prise. On emportait des vases sans étuis; on en arrachait des mains des femmes; on brisait les portes, on enlevait les verroux. Quelle autre image se faire de cette désolation ? Si dans un temps de guerre ou dans une alarme subite, on oblige les particuliers de donner leurs armes, ils ne les donnent qu'à regret, quoique ce soit pour le salut et la défense commune. Ne doutez pas qu'il n'en ait coûté des larmes bien amères à tous ceux qu'on a contraints de porter leur argenterie hors de leurs maisons, et de la mettre sous la main du préteur. Enfin, on apporte tout à Verrès : on appelle les deux Cybiratès, qui ne rejettent que peu de chose. On détache des vases qu'ils avaient trouvés beaux, les pièces de rapport ou les ornements; et les Haluntiens, privés de leurs délices, retournèrent chez eux avec leur argenterie toute nue.

XXIV. Y eut-il jamais un pareil fléau dans cette province? On a vu des magistrats détourner sourdement une partie des finances, d'autres piller sans bruit les particuliers, et malgré toutes leurs précautions, ils étaient découverts et condamnés. Et, si vous me demandez mon sentiment sur leurs accusateurs, je me rabaisserai moi-même, car je pense que les bons accusateurs étaient ceux qui suivaient ces sortes de larcins à la piste, ou d'après quelque trace légèrement imprimée. Pour nous, en effet, quelle recherche faisons-nous par rapport à Verrès? nous trouvons toutes les traces de son

ris vestigiis invenimus? permagnum est in eum dicere aliquid, qui præteriens, lectica paulisper deposita, non per præstigias, sed palam per potestatem, uno imperio ostiatim totum oppidum compilarit? Attamen, ut possit se dicere emisse, Archagatho imperat ut aliquid illis, quorum argentum fuerat nummulorum, dicis causa, daret: invenit Archagathus paucos, qui vellent accipere; his dedit: eos nummos tamen iste Archagatho non reddidit: voluit Romæ petere Archagathus; Cn. Lentulus Marcellinus dissuasit, sicut ipsum dicere audistis. Recita *Archagathi et Lentuli testimonium*.

56. Et, ne forte hominem existimetis hanc tantam vim emblematum sine causa coacervare voluisse, videte quanti vos, quanti existimationem populi romani, quanti leges et judicia, quanti testes siculos negotiatoresque fecerit. Posteaquam tantam multitudinem collegerat emblematum, ut ne unum quidem cuiquam reliquisset, instituit officinam Syracusis in regia maximam, palam artifices omnes, cælatores ac vascularios convocari jubet, et ipse suos complures habebat: eo conducit magnam hominum multitudinem; menses octo continuos opus his non defuit; quum vas nullum fieret, nisi aureum. Tum illa, ex patellis et thuribulis quæ vellerat, ita scite in aureis poculis illigabat, ita apte in scyphis aureis includebat, ut ea ad illam rem nata esse diceres: ipse tamen prætor, qui sua vigilantia pacem in Sicilia dicit fuisse, in hac officina majorem partem diei cum tunica pulla sedere solebat, et pallio.

XXV. Hæc ego, judices, non auderem proferre, nisi vererer ne forte plura de isto ab aliis in sermone, quam a me in judicio audisse vos diceretis. Quis enim est, qui de hac officina, qui de vasis aureis, qui de istius pallio, tunica pulla non audierit? quem voles de conventu Syracusanorum virum bonum nominato: producam; nemo erit quin hoc se aut vidisse aut audisse dicat.

corps imprimées dans la boue. Est-il si difficile d'instruire le procès d'un coupable qui, en passant auprès d'une ville, fait arrêter sa litière, et, sans user de moyens propres à faire illusion, mais par un acte authentique de son pouvoir, et par un ordre absolu, pille toutes les maisons? Cependant, afin de pouvoir dire qu'il a acheté, il commande à Archagathe de compter pour la forme quelques pièces d'argent à ceux qu'il dépouillait. Archagathe n'en trouva que quelques-uns qui voulussent en accepter; il en donna à ceux-ci. Cependant Verrès ne le remboursa point; Archagathe voulait lui en demander à Rome le remboursement; Cn. Lentulus Marcellinus l'en détourna, comme vous l'avez appris par sa déposition. *Lisez cette déposition d'Archagathe et de Lentulus.*

56. Pour vous convaincre qu'il avait un motif en ramassant toutes ces pièces rares et curieuses, examinez quel respect il a eu pour vos jugements et pour ceux du peuple romain; pour les lois, pour la justice; voyez s'il a craint les témoins; s'il a ménagé les négociants de la Sicile. Voici l'usage qu'il en voulait faire. Après avoir enlevé une si grande quantité d'ornements, sans en laisser à personne, il établit publiquement un immense atelier dans le palais de Syracuse; ordonne d'y faire assembler tout ce qu'il y avait d'ouvriers en or, en gravure, en ciselure, en vaisselle; il en avait déjà lui-même un grand nombre à ses gages. Y ayant rassemblé cette multitude d'ouvriers, il les fait travailler huit mois consécutifs, quoiqu'il ne les occupe qu'à des ouvrages d'or. Ensuite on applique sur ces coupes d'or les ornements qu'il avait enlevés des vases et des encensoirs des particuliers, et on les y adapte avec tant d'art, qu'on aurait dit que la pièce ajoutée n'avait jamais eu d'autre destination. Cependant ce préteur, qui se vante d'avoir maintenu la Sicile en paix par ses soins et sa prudence, passait des jours entiers dans cet atelier, en tunique brune et en manteau.

XXV. Je n'oserais entrer dans un pareil détail, si je ne craignais que vous ne me reprochassiez d'en avoir plus appris par la voie publique que de moi, qui suis chargé d'instruire son procès. Qui n'a point entendu parler de cet atelier, de ces vases d'or et de l'habillement dans lequel il y parut? Nommez tel honnête homme qu'il vous plaira de Syracuse, je l'appellerai en témoignage. Il n'y en aura pas un qui ne vous dise ou avoir vu ces choses, ou les avoir ouï raconter.

58. O tempora, o mores! Nihil nimium vetus proferam. Sunt vestrum, judices, quam multi, qui L. Pisonem cognoverunt, hujus L. Pisonis, qui prætor fuit, patrem : is quum esset in Hispania prætor, qua in provincia occisus est, nescio quo pacto, dum armis exercetur, annulus aureus, quem habebat, fractus est et comminutus : quum vellet sibi annulum facere, aurificem jussit vocari in forum, ad sellam, Cordubæ, et ei palam appendit aurum : hominem in foro sellam jubet ponere, et facere annulum, omnibus præsentibus. Nimium fortasse dicet aliquis hunc diligentem : hactenus reprehendat, si quis volet ; nihil amplius : verum fuit ei concedendum ; filius enim L. Pisonis erat, ejus qui primus de pecuniis repetundis legem tulit.

59. Ridiculum est nunc de Verre me dicere, quum de Pisone frugi dixerim. Verumtamen quantum intersit videte: iste quum aliquot abacorum faceret vasa aurea, non laboravit quid non modo in Sicilia, verum etiam Romæ in judicio audiret : ille in auri semuncia totam Hispaniam scire voluit, unde prætori annulus fieret: nimirum, ut hic nomen suum comprobavit, sic ille cognomen.

XXVI. Nullo modo possum omnia istius facta aut memoria consequi, aut oratione complecti : genera ipsa cupio breviter attingere, ut hic modo me commonuit Pisonis annulus, quod totum effluxerat. Quam multis istum putatis hominibus honestis de digitis annulos aureos abstulisse? nunquam dubitavit, quotiescumque alicujus aut gemma aut annulo delectatus est. Incredibilem rem dicam, sed tam claram ut ipsum negaturum non arbitrer.

61. Quum Valentio ejus interpreti epistola Agrigento allata esset, casu signum iste animadvertit in cretula : placuit ei : exquisivit unde esset epistola. Respondit, Agrigento. Iste litteras ad quos solebat, misit, ut is annulus ad se primo quoque tempore afferretur : ita litteris istius, patrifamilias L. Titio cuidam, civi romano, annulus de digito detractus est. Illa vero ejus cupiditas incredibilis est : nam, ut in singula conclavia quæ iste

58. O temps! ô mœurs! l'exemple que je vais vous citer n'est pas fort ancien. Il y en a beaucoup parmi vous qui ont connu L. Pison, père de celui qui fut préteur. Lorsqu'il exerçait la préture en Espagne, où il fut tué, le hasard voulut qu'en faisant des armes, l'anneau d'or qu'il portait se rompit et se brisa tout en pièces. Voulant s'en procurer un autre, il fait venir l'orfèvre sur la place publique de Cordoue, et là, du haut de son siége, en présence de tous les assistants, il pèse l'or nécessaire, fait asseoir l'ouvrier et lui commande de fabriquer l'anneau à la vue des spectateurs. Peut-être dira-t-on que c'est une exactitude trop scrupuleuse. Le blâme qui voudra aujourd'hui, je n'en dirai pas davantage ; mais cette action était bien digne du fils de celui qui le premier porta une loi contre les concussionnaires.

59. Il est absurde de revenir à Verrès, après avoir parlé du vertueux Pison. Considérez cependant quelle différence il y a entre l'un et l'autre. Le premier fit faire des vases d'or pour garnir plusieurs buffets, sans s'inquiéter ni des cris des Siciliens, ni des poursuites judiciaires qui l'attendaient à Rome ; le second voulut que toute l'Espagne sût d'où il avait tiré une demi-once d'or pour se faire un anneau ; c'est-à-dire, que l'un a prouvé qu'il était digne de son nom infâme, et l'autre de son glorieux surnom.

XXVI. On ne peut ni se retracer à soi-même, ni renfermer dans un seul discours, tous les crimes de Verrès ; il suffit d'en indiquer succinctement les espèces. L'anneau de Pison me rappelle une chose qui m'était entièrement échappée. A combien d'honnêtes gens pensez-vous que Verrès a enlevé leurs anneaux d'or? Il n'a jamais hésité de le faire, toutes les fois qu'un anneau lui plaisait par lui-même, ou par rapport à la pierre. Voici un fait qui paraît incroyable ; mais il est si connu, que Verrès n'aura pas, je pense, le front de le nier.

61. Valentius, son secrétaire, reçoit une lettre d'Agrigente ; Verrès, qui remarque par hasard sur la craie l'empreinte du cachet, le trouve beau, demande d'où vient la lettre. On lui apprend qu'elle vient d'Agrigente. Il écrit à ses correspondants ordinaires de lui envoyer incessamment cet anneau. L'ordre est exécuté : on l'arrache du doigt de L. Titius, père de famille et citoyen romain. Et sa passion pour les ornements de lits, elle est incroyable ; car, quand même il aurait voulu avoir pour chacune de ses salles à man-

non modo Romæ, sed omnibus villis habet, tricenos lectos optime stratos cum ceteris ornamentis convivii quæreret, nimium multa comparare videtur : nulla domus in Sicilia locuples fuit, ubi iste non textrinum instituerit.

62. Mulier est segestana, perdives et nobilis, Lamia nomine. Per triennium isti, plena domo telarum, stragulam vestem confecit : nihil nisi conchylio tinctum. Attalus, homo pecuniosus, Neti ; Lyso, Lilybæi ; Critolaus, Ennæ ; Syracusis, Æschrio, Cleomenes, Theomnastus ; Elori, Archonides, Megistus ; vox me citius defecerit quam nomina. Ipse dabat purpuram tantum, amici operas ; credo : jam enim non libet omnia criminari ; quasi hoc mihi non satis sit ad crimen, habuisse tam multum, quod daret, voluisse deportare tam multa ; hoc denique, quod concedit, amicorum operis esse in hujuscemodi rebus usum. Jam vero lectos æratos et candelabra ænea num cui, præter istum, Syracusis per triennium facta esse existimatis? Emebat. Credo. Sed tantum vos certiores, judices, facio, quid iste in provincia prætor egerit ; ne cui forte nimium negligens fuisse videatur, neque se satis, quum potestatem habuerit, instruxisse et ornasse.

XXVII. Sexta narratio. *De Antiocho.* Venio nunc non jam ad furtum, non ad avaritiam, non ad cupiditatem, sed ad ejusmodi facinus in quo omnia nefaria contineri mihi atque inesse videantur ; in quo dii immortales violati, existimatio atque auctoritas nominis populi romani imminuta, hospitium spoliatum ac proditum, abalienati scelere istius a nobis omnes reges amicissimi, nationesque quæ in eorum regno ac ditione sunt.

64. Nam reges Syriæ, regis Antiochi filios pueros, scitis Romæ nuper fuisse : qui venerant non propter Syriæ regnum, nam id sine controversia obtinebant, ut a patre et a majoribus acceperant : sed regnum Ægypti ad se, et ad Selenen matrem suam, pertinere arbitrabantur. Hi ipsi, posteaquam temporibus reipublicæ exclusi, per senatum agere quæ voluerant non potuerunt,

ger, soit à Rome, soit dans ses maisons de campagne, trente lits bien dressés, avec tous les autres ornements d'un repas, il aurait encore paru en trop acheter. Il n'y avait pas de riche maison dans la Sicile, où il n'eût établi une manufacture d'étoffes.

62. Il y a à Ségeste une femme très-riche et très-distinguée, nommée Lamia. Sa maison fut pendant trois ans remplie de toiles appartenant au préteur, et elle lui fit une couverture de lit tout entière en cramoisi. Il chargeait des mêmes soins à Nétum, Attale, homme fort riche, et citoyen de cette ville ; Lyson à Lilybée ; Critolaüs à Enna ; Eschrion, Cléomène, Théomnaste à Syracuse ; Archonide et Mégiste à Elore. La voix me manquera plutôt que les noms. Il y a apparence qu'il fournissait la laine, et que ses amis payaient les frais de la façon. Il ne faut pas le faire criminel sur tous les chefs ; il suffit, pour l'accusation, qu'il ait eu tant de matière à faire travailler, qu'il ait voulu emporter tant de choses, et enfin, comme il en convient lui-même, qu'il se soit servi du ministère de ses amis pour tous ces ouvrages. Ces lits de bronze, ces chandeliers de cuivre, qui occupèrent pendant trois ans tous les ouvriers de Syracuse, n'étaient-ils point pour Verrès ? Il les achetait ; je le veux. Mais je ne prétends, juges que vous exposer ce qu'il a fait dans sa province, de peur qu'il ne paraisse avoir oublié ses intérêts, et ne s'être point servi de son autorité pour enrichir et meubler sa maison.

XXVII. Je vais maintenant vous parler non d'un vol, d'un trait d'avarice et de cupidité, mais d'une action qui me paraît renfermer tous les crimes à la fois. On y voit les dieux offensés, la confiance dans le peuple romain et la dignité de ce nom auguste, affaiblies et presque perdues ; les droits de l'hospitalité violés et trahis, les rois alliés aigris, et les cœurs de leurs peuples entièrement indisposés contre nous.

64. Vous savez que les jeunes rois de Syrie, les fils d'Antiochus, étaient à Rome il n'y a pas longtemps. L'objet qui les y avait conduits, était, non le royaume de Syrie, qui leur appartenait incontestablement, étant l'héritage de leurs aïeux, mais le royaume d'Egypte, sur lequel eux et leur mère Sélène avaient des prétentions ; les circonstances et les deux guerres fâcheuses qui occupaient alors la république, n'ayant pas permis au sénat de leur donner satisfac-

in Syriam, in regnum patrium profecti sunt : eorum alter, qui Antiochus vocatur, iter per Siciliam facere voluit : itaque, isto prætore, venit Syracusas.

65. Hic Verres hæreditatem sibi venisse arbitratus est, quod in ejus regnum ac manus venerat is quem iste et audierat multa secum præclara habere, et suspicabatur. Mittit homini munera satis large, hæc ad usum domesticum : vini, olei quod visum erat; etiam tritici, quod satis esset, de suis decumis : deinde ipsum regem ad cœnam vocavit : exornat ample magnificeque triclinium : exponit ea, quibus abundabat, plurima ac pulcherrima vasa argentea; namque hæc aurea nondum fecerat : omnibus curat rebus instructum et paratum ut sit convivium. Quid multa? Rex ita discessit ut et istum copiose ornatum, et se honorifice acceptum arbitraretur. Vocat ad cœnam deinde ipse prætorem : exponit suas copias omnes, multum argentum, non pauca etiam pocula ex auro, quæ, ut mos est regius, et maxime in Syria, gemmis erant distincta clarissimis. Erat etiam vas vinarium ex una gemma pergrandi, trulla excavata, manubrio aureo : de qua, credo, satis idoneum, satis gravem testem, Q. Minucium dicere audistis.

66. Iste unumquodque vas in manus sumere, laudare, mirari : rex gaudere prætori populi romani satis jucundum et gratum illud esse convivium. Posteaquam inde discessum est, cogitare iste nihil aliud, quod ipsa res declaravit, nisi quemadmodum regem ex provincia spoliatum expilatumque dimitteret : mittit rogatum vasa ea quæ pulcherrima apud illum viderat : ait se suis cælatoribus velle ostendere. Rex, qui istum non nosset, sine ulla suspicione libentissime dedit. Mittit etiam trullam gemmeam rogatum : velle se eam diligentius considerare : ea quoque ei mittitur.

XXVIII. Nunc reliquum, judices, attendite; de quo et vos audistis, et populus romanus non nunc primum audiet, et in exteris nationibus usque ad ultimas terras pervagatum est. Candelabrum e gemmis clarissimis, opere mirabili perfectum, reges hi quos dico, Romam

tion, ils retournèrent en Syrie, leur royaume héréditaire. L'un d'eux, nommé Antiochus, prit sa route par la Sicile, et arriva à Syracuse pendant la préture de Verrès.

65. Le préteur regarda cette arrivée comme un héritage pour lui, parce qu'il voyait dans ses domaines, et pour ainsi dire entre ses mains, un prince qu'il avait ouï dire et qu'il soupçonnait avoir beaucoup de riches curiosités. Il lui envoie une assez grande quantité de présents pour ses usages domestiques, des vins, des huiles autant qu'il le crut à propos, et même sa provision de blé prise sur les décimes qu'il levait à son profit. Il invite ensuite ce prince à souper, et fait orner magnifiquement la salle du festin. On y voit paraître sa belle et nombreuse vaisselle d'argent, car sa vaisselle d'or n'était pas encore achevée. Le repas est recherché et somptueux. En un mot, le roi se retire charmé de la magnificence qu'il a vu régner dans la maison de Verrès, et des honneurs qu'il y a reçus. Il invite à son tour le préteur, étale toutes ses richesses, beaucoup d'argenterie, plusieurs coupes d'or embellies de pierres précieuses, comme en ont les rois, et surtout ceux de Syrie. Il y avait entre autres un vase à mettre du vin, formé d'une seule pierre précieuse, creusée pour cet usage, et à laquelle on avait ajouté un pied d'or. Vous en avez entendu faire le récit par Q. Minucius, témoin compétent et bien digne de foi.

66. Verrès prend ces vases l'un après l'autre, en fait l'éloge et les admire ; le prince était charmé qu'un préteur du peuple romain eût trouvé agréable et de bon goût toute la disposition de son repas. Verrès se retire tout occupé, comme l'événement le fit voir, des moyens de renvoyer de la Sicile, Antiochus dépouillé de toutes ses richesses. Il lui fait demander ses plus beaux vases, sous le prétexte de les montrer à ses ouvriers. Ce prince, qui ne connaît point le caractère de cet homme, lui fait porter le tout sans le moindre soupçon ; Verrès renvoie prier le prince de confier aussi le beau vase d'une seule pierre, parce qu'il désire le considérer plus attentivement : le prince le lui envoie de même.

XXVIII. Maintenant, juges, daignez écouter la suite de l'histoire. Elle n'est nouvelle ni pour vous, ni pour le peuple romain, et elle s'est répandue chez les nations étrangères, jusqu'aux extrémités du monde. Ces deux rois, dont je parle, avaient apporté à Rome un chandelier enrichi de pierres éclatantes et d'un travail admirable ; leur dessein

quum attulissent, ut in Capitolio ponerent; quod nondum etiam perfectum templum offenderant, neque ponere potuerunt, neque vulgo ostendere ac proferre voluerunt, ut et magnificentius videretur, quum suo tempore in cella Jovis Optimi Maximi poneretur, et clarius, quum pulchritudo ejus recens ad oculos hominum atque integra perveniret, statuerunt id secum in Syriam reportare ; ut, quum audissent simulacrum Jovis Optimi Maximi dedicatum, legatos mitterent, qui cum ceteris rebus illud quoque eximium atque pulcherrimum donum in Capitolium afferrent. Pervenit res ad istius aures, nescio quomodo; nam rex id celatum voluerat, non quod quidquam metueret aut suspicaretur, sed ut ne multi illud ante præciperent oculis, quam populus romanus. Iste petit a rege, et eum pluribus verbis rogat, ut id ad se mittat ; cupere se dicit inspicere, neque se aliis videndi potestatem esse facturum.

68. Antiochus, qui animo et puerili esset, et regio, nihil de istius improbitate suspicatus est ; imperat suis ut id in prætorium involutum quam occultissime deferrent ; quo posteaquam attulerunt, involucrisque rejectis constituerunt, iste clamare coepit dignam rem esse regno Syriæ, dignam regio munere, dignam Capitolio. Etenim erat eo splendore qui ex clarissimis et plurimis gemmis esse debebat ; ea varietate operum, ut ars certare videretur cum copia ; ea magnitudine, ut intelligi posset, non ad hominum apparatum, sed ad amplissimi templi ornamentum esse factum ; quod quum satis jam perspexisse videretur, tollere incipiunt ut referrent. Iste ait se velle illud etiam atque etiam considerare, nequaquam se esse satiatum : jubet illos discedere, et candelabrum relinquere. Sic illi tum inanes ad Antiochum revertuntur.

XXIX. Rex primo nihil metuere, nihil suspicari : dies unus, alter, plures ; non referri. Tum mittit rex ad istum, si sibi videatur, ut reddat. Jubet iste posterius ad se reverti. Mirum illi videri : mittit iterum : non redditur. Ipse hominem appellat : rogat ut reddat. Os

était de le placer dans le Capitole ; mais ne pouvant l'y poser alors, parce que ce temple n'était pas encore achevé, ils ne voulurent pas l'exposer en public, ni le faire voir à beaucoup de personnes, afin que, lorsqu'il serait placé devant la statue de Jupiter, il eût tout le mérite de la nouveauté, et que sa beauté surprît agréablement tout le monde. Ils résolurent donc de le reporter en Syrie, se proposant, aussitôt qu'ils apprendraient la consécration de la statue du grand Jupiter, d'envoyer des ambassadeurs chargés de présenter ce rare et magnifique présent, avec les autres offrandes destinées pour le Capitole. Verrès en fut instruit, je ne sais par quelle voie, car le prince voulait tenir la chose secrète : non qu'il craignît, ou qu'il eût le moindre soupçon ; mais il ne voulait pas que plusieurs particuliers vissent ce chandelier avant le peuple romain. Notre préteur le prie et le conjure de le lui envoyer, lui marquant une extrême envie de l'examiner, et lui promettant de ne le laisser voir à personne.

68. Antiochus, qui, avec la confiance d'un jeune homme, avait l'âme véritablement royale, ne soupçonne Verrès d'aucun mauvais dessein. Il ordonne à ses officiers de porter bien secrètement au préteur le chandelier enveloppé. Quand ils l'eurent apporté et posé, ils en ôtèrent l'enveloppe ; aussitôt Verrès s'écria que c'était un présent digne du royaume de Syrie, digne du prince qui l'offrait, digne enfin du Capitole. Il brillait en effet de l'éclat de toutes les pierres précieuses dont il était enrichi ; l'art le disputait à la richesse de la matière. Sa grandeur faisait comprendre qu'il avait été fait pour orner, non la demeure des mortels, mais le temple le plus majestueux de l'univers. Les officiers, croyant qu'il l'avait considéré suffisamment, se préparaient à le remporter ; mais il leur dit qu'il veut encore l'examiner, qu'il ne peut se rassasier du plaisir de le voir : il les oblige à se retirer et à laisser le candélabre ; ils retournent auprès d'Antiochus les mains vides.

XXIX. Le prince n'a d'abord ni crainte ni soupçon ; plusieurs jours s'écoulent, et le chandelier ne revient point. Le prince envoie prier Verrès de le lui rendre, s'il le veut bien ; celui-ci répond qu'on revienne dans quelques jours. Antiochus est étonné de ce retard : il renvoie une seconde fois sans pouvoir l'obtenir. Il vient lui-même trouver Verrès, et le prie de lui rendre ce qu'il lui a confié. Reconnaissez ici le

hominis insignemque impudentiam cognoscite. Quod sciret, quodque ex ipso rege audisset in Capitolio esse ponendum; quod Jovi Optimo Maximo, quod populo romano servari videret, id sibi ut donaret, rogare et vehementer petere cœpit. Quum ille se, et religione Jovis Capitolini, et hominum existimatione impediri diceret, quod multæ nationes testes essent illius operis ac muneris; iste homini minari acerrime cœpit. Ubi videt eum nihilo magis minis quam precibus permoveri, repente hominem de provincia jubet ante noctem decedere : ait se comperisse ex ejus regno piratas in Siciliam esse venturos.

70. Rex maximo conventu, Syracusis, in foro (ne quis forte me in criminis obscuro versari, atque affingere aliquid suspicione hominum arbitretur), in foro, inquam, Syracusis, flens ac deos hominesque contestans, clamare cœpit, candelabrum factum e gemmis, quod in Capitolium missurus esset, quod in templo clarissimo, populo romano monumentum suæ societatis amicitiæque esse voluisset, id sibi C. Verrem abstulisse : de ceteris operibus ex auro et gemmis, quæ sua penes illum essent, se non laborare : hoc sibi eripi miserum esse et indignum : id, etsi antea jam mente et cogitatione sua, fratrisque sui, consecratum esset; tamen tum se in illo conventu civium romanorum dare, donare, dicare, consecrare Jovi Optimo Maximo, testemque ipsum Jovem suæ voluntatis ac religionis adhibere.

XXX. Quæ vox, quæ latera, quæ vires hujus unius criminis querimoniam possint sustinere? Rex Antiochus, qui Romæ ante oculos omnium nostrum biennium fere comitatu regio atque ornatu fuisset; is, quum amicus et socius populi romani esset, amicissimo patre, avo, majoribus, antiquissimis et clarissimis regibus, opulentissimo et maximo regno, præceps e provincia populi romani exturbatus est.

72. Quemadmodum hoc accepturas nationes exteras, quemadmodum hujus tui facti famam in regna aliorum, atque in ultimas terras perventuram putasti, quum au-

front et l'extrême impudence de cet homme. Il savait, et le prince même le lui avait dit, qu'il le réservait pour le Capitole, à l'honneur de Jupiter, comme un présent qu'il voulait faire au peuple romain; il le presse cependant, il le conjure avec instance de le lui donner. Antiochus s'en défend, et sur le respect qu'il doit à Jupiter Capitolin, et sur les reproches qu'il craint de la part de tant de peuples qui avaient vu faire cet ouvrage, et qui en connaissaient la destination. Verrès s'emporte et le menace; mais voyant qu'il n'avance pas plus par cette voie que par celle des prières, il lui ordonne de sortir de la province avant la nuit; il lui dit qu'il est instruit que des pirates, sortis de ses états, doivent aborder dans la Sicile.

70. Le roi, en présence d'une nombreuse assemblée de Syracusains, au milieu de la place publique (car ce que j'avance n'est ni conjectures ni soupçons; il ne s'agit pas d'un crime commis dans l'obscurité et dans les ténèbres); le roi, dis-je, au milieu de cette assemblée, atteste, en gémissant, les hommes et les dieux, déclare que Verrès lui a enlevé un chandelier enrichi de pierreries, qu'il avait l'intention de placer dans le Capitole, pour y être un monument de son amitié et de son alliance avec le peuple romain; qu'il ne regrette ni les autres ouvrages d'or, ni les pierres précieuses qu'il lui retient, mais qu'il est indigné et cruel de lui arracher cette pièce. Quoique mon frère et moi, continua-t-il, l'ayons déjà consacré dans le cœur et par l'intention, je renouvelle cette consécration en présence de cette assemblée de citoyens romains; je donne ce chandelier, je l'offre, je le dédie au grand Jupiter. Que ce dieu soit aujourd'hui témoin de ma volonté et de ma religion.

XXX. Quelle voix, quels poumons, quelles forces pourraient exprimer toute l'atrocité de cette seule action? Antiochus, après avoir paru à Rome pendant près de deux ans, avec le cortége et l'appareil d'un roi; ce prince, ami et allié du peuple romain, fils d'un père très-attaché à la république, dont l'aïeul et les ancêtres étaient des rois fort anciens et fort illustres, maître lui-même d'un vaste et florissant empire, est chassé précipitamment d'une province romaine!

72. Quel jugement avez-vous cru que porteraient les rois, les peuples, les nations les plus reculées, en apprenant qu'un de nos préteurs, dans une de nos provinces, a insulté à un

dierint a prætore populi romani in provincia violatum regem, spoliatum hospitem, ejectum socium populi romani atque amicum? Nomen vestrum populique romani, odio atque acerbitati scitote nationibus exteris, judices, futurum, si istius hæc tanta injuria impunita discesserit; sic omnes arbitrabuntur, præsertim quum hæc omnino fama de nostrorum hominum avaritia et cupiditate percrebuerit; non istius solius hoc esse facinus, sed eorum etiam qui approbarint. Multi reges, multæ liberæ civitates, multi privati opulenti ac potentes, habent profecto in animo Capitolium sic ornare, ut templi dignitas imperiique nostri nomen desiderat: qui si intellexerint, interverso regali hoc dono, graviter vos tulisse, grata fore vobis populoque romano sua studia ac dona arbitrabantur: sin hoc vos in rege tam nobili, in re tam eximia, in injuria tam acerba, neglexisse audierint; non erunt tam amentes ut operam, curam, pecuniam impendant in eas res quas vobis gratas fore non arbitrentur.

XXXI. Hoc loco, Q. Catule, te appello : loquor enim de tuo clarissimo pulcherrimoque monumento : non judicis solum severitatem in hoc crimine, sed prope inimici atque accusatoris vim suscipere debes : tuus est enim honos in illo templo, senatus populique romani beneficio : tui nominis æterna memoria simul cum templo illo consecratur : tibi hæc cura suscipienda, tibi hæc opera sumenda est, ut Capitolium, quomodo magnificentius est restitutum, sic copiosius ornatum sit quam fuit; ut illa flamma divinitus exstitisse videatur, non quæ deleret Jovis Optimi Maximi templum, sed quæ præclarius magnificentiusque deposceret.

74. Audisti Q. Minucium Rufum dicere domi suæ deversatum esse Antiochum regem Syracusis : se illud scire ad istum esse delatum : se scire non redditum : audisti, et audies omni e conventu syracusano, qui ita dicant, sese audientibus, illud Jovi Optimo Maximo dicatum esse a rege Antiocho, et consecratum. Si judex non esses, et hæc ad te delata res esset, tu potissimum hoc persequi, te petere, te agere oporteret. Quare non

roi, dépouillé son hôte, chassé l'allié et l'ami du peuple romain? Votre nom et celui du peuple romain, soyez-en sûrs, ô juges, deviendront l'horreur et l'exécration des étrangers, si cette affreuse injustice reste impunie. Tous penseront, surtout quand le bruit de l'avarice et de la cupidité de nos magistrats sera répandu de tous côtés, que cette action n'est pas seulement le crime de Verrès, mais encore celui de tous ceux qui l'ont protégé et justifié. Les rois, les villes libres, les plus riches particuliers de l'univers, sont sans doute dans l'intention d'orner le Capitole, comme l'exige la majesté de ce temple et la grandeur du nom romain. Si vous montrez de la sévérité contre celui qui a détourné l'offrande que ce prince lui destinait, ils croiront que leur zèle et leurs présents vous seront agréables; mais s'ils apprennent que les plaintes d'un grand roi, l'importance de l'objet dont il s'agit, l'atrocité de l'injure reçue, ne vous affectent que faiblement, ils ne seront pas assez imprudents pour employer leurs peines, leurs soins et leur argent à des choses dont ils croiront que vous ne faites aucune estime.

XXXI. C'est vous-même que j'atteste ici, Catulus: il s'agit de ce superbe monument que vous avez décoré avec tant de magnificence; en cette occasion, c'est non-seulement de la sévérité d'un juge, mais presque de la vivacité d'un ennemi et d'un accusateur que vous devez vous revêtir. Par un bienfait du sénat et du peuple romain, votre gloire réside dans ce temple; votre nom consacré avec cet édifice, jouira d'une égale immortalité. Vous devez vous intéresser et contribuer, par vos soins, à ce que le Capitole, après avoir été plus magnifiquement rétabli, soit aussi plus richement orné; comme si l'incendie qui l'a consumé, avait été excité par la providence des dieux, non pour détruire le temple du grand Jupiter, mais pour avertir les mortels de lui en bâtir un plus auguste.

74. Q. Minucius Rufus vous a dit qu'Antiochus avait logé chez lui à Syracuse; qu'il savait que ce chandelier avait été porté chez Verrès, et qu'il n'avait pas été rendu. Vous avez appris, et toute la ville de Syracuse vous l'attestera encore s'il le faut, qu'Antiochus a dit à haute voix, qu'il dédiait et consacrait ce chandelier au grand Jupiter. Si vous n'étiez pas juge, et qu'on vous instruisît d'un pareil fait, vous devriez vous-même en dénoncer l'auteur et en poursuivre la punition. Je connais donc les dispositions que vous devez

dubito quo animo judex hujus criminis esse debeas, qui apud alium judicem multo acrior, quam ego sum, actor accusatorque esse deberes.

XXXII. Vobis autem, judices, quid hoc indignius, aut quid minus ferendum videri potest? Verresne habebit domi suæ candelabrum Jovis Optimi Maximi, e gemmis auroque perfectum? cujus fulgore collucere atque illustrari Jovis Optimi Maximi templum oportebat, id apud istum in ejusmodi conviviis constituetur, quæ domesticis stupris flagitiisque flagrabunt? in istius lenonis turpissimi domo simul cum ceteris Chelidonis hæreditariis ornamentis Capitolii ornamenta ponentur? Quid huic sacri unquam fore aut quid fuisse religiosi putatis, qui nunc tanto scelere se obstrictum esse non sentiat, qui in judicium veniat, ubi ne precari quidem Jovem Optimum Maximum, atque ab eo auxilium petere more omnium possit? a quo etiam dii immortales sua repetant in eo judicio, quod hominibus ad suas res repetendas est constitutum? Miramur Athenis Minervam, Deli Apollinem, Junonem Sami, Pergæ Dianam, multos præterea ab isto deos tota Asia Græciaque violatos, qui a Capitolio manus abstinere non potuerit? Quod privati homines de suis pecuniis ornant, ornaturique sunt, id C. Verres a regibus ornari non est passus. Itaque hoc nefario scelere concepto, nihil postea tota in Sicilia neque sacri neque religiosi esse duxit : ita sese in ea provincia per triennium gessit, ut ab isto non solum hominibus, verum etiam diis immortalibus bellum indictum putaretur.

XXXIII. SEPTIMA NARRATIO. *De Diana*. Segesta est oppidum pervetus in Sicilia, judices, quod ab Ænea fugiente a Troja, atque in hæc loca veniente, conditum esse demonstrant. Itaque Segestani, non solum perpetua societate atque amicitia, verum etiam cognatione se cum populo romano conjunctos esse arbitrantur. Hoc quondam oppidum, quum illa civitas cum Pœnis suo nomine ac sua sponte bellaret, a Carthaginiensibus vi captum atque deletum est : omniaque, quæ ornamento

apporter sur ce tribunal, puisque si vous étiez à ma place, vous devriez être plus ardent que je ne le suis à déférer ce sacrilége, et à presser le châtiment qu'il mérite.

XXXII. Concevez-vous, juges, un crime plus indigne, et qu'on puisse moins pardonner? Verrès aura-t-il dans sa maison un chandelier d'or, orné de pierreries et consacré au grand Jupiter? ce qui devait éclairer et décorer le temple du plus grand des dieux, ne servira-t-il qu'à éclairer les repas de Verrès, où les convives brûlent des feux les plus obscènes, où tout respire l'infamie? Quoi! dans la maison de cet homme perdu de débauches, les ornements du Capitole seront confondus avec les autres belles choses qu'il a héritées d'une Chélidone! Qu'y aura-t-il de sacré, ou qu'y a-t-il eu de respectable, pour un homme à qui l'horreur d'un pareil crime n'a point encore causé de remords? qui, près de subir un jugement, ne peut implorer le grand Jupiter, et recourir à son assistance, comme tous les autres accusés; à qui les dieux immortels redemandent leurs dépouilles dans ce tribunal établi en faveur des hommes, pour y revendiquer ce qui leur appartient? Serons-nous étonnés maintenant qu'il ait pillé à Athènes le temple de Minerve; à Délos celui d'Apollon; celui de Junon à Samos; et à Perga celui de Diane? que la Grèce et l'Asie aient vu toutes leurs divinités insultées et déshonorées par cet homme, qui n'a point respecté le Capitole; qui a empêché les rois d'orner ce temple, que tous les particuliers s'empressent d'embellir à leurs dépens? Coupable d'un si grand crime, il n'a plus rien trouvé ni de sacré, ni de respectable dans toute la Sicile; et pendant les trois ans qu'il l'a gouvernée, on eût dit qu'il avait déclaré la guerre non-seulement aux hommes, mais encore aux dieux immortels.

XXXIII. Ségeste est une des plus anciennes villes de la Sicile; on sait qu'Énée, échappé à l'incendie de Troie, aborda en ce lieu, et bâtit cette ville : aussi les Ségestains croient nous être unis, plutôt par les liens du sang, que par ceux de l'amitié et de l'alliance qu'ils ont toujours entretenues avec le peuple romain. Cette ville, faisant la guerre aux Carthaginois en son nom et avec ses seules forces, fut prise et détruite par les vainqueurs. Tout ce qu'elle possédait de

urbi esse possent, Carthaginem sunt ex illo loco deportata. Fuit apud Segestanos ex ære simulacrum Dianæ, quum summa atque antiquissima præditum religione, tum singulari opere artificioque perfectum : hoc translatum Carthaginem, locum tantum hominesque mutarat, religionem quidem pristinam conservabat : nam propter eximiam pulchritudinem, etiam hostibus digna quam sanctissime colerent, videbatur.

77. Aliquot sæculis post, P. Scipio, bello punico tertio, Carthaginem cepit : qua in victoria (videte hominis virtutem et diligentiam, ut et domesticis præclarissimæ virtutis exemplis gaudeatis, et eo majore odio dignam istius incredibilem audaciam judicetis), convocatis Siculis omnibus, quod diutissime sæpissimeque Siciliam vexatam a Carthaginiensibus cognorat, jubet omnia conquiri : pollicetur sibi magnæ curæ fore ut civitatibus, quæ cujusque fuissent, restituerentur. Tum illa, quæ quondam fuerant Himera sublata, de quibus antea dixi, Thermitanis sunt reddita : tum alia Gelensibus, alia Agrigentinis : in quibus etiam ille nobilis taurus quem crudelissimus omnium tyrannorum Phalaris habuisse dicitur, quo vivos, supplicii causa, demittere homines et subjicere flammam solebat : quem taurum Scipio quum redderet Agrigentinis, dixisse dicitur æquum esse illos cogitare, utrum esset Siculis utilius suisne servire, an populo romano obtemperare, quum idem monumentum et domesticæ crudelitatis et nostræ mansuetudinis haberent.

XXXIV. Illo tempore Segestanis maxima cum cura hæc ipsa Diana de qua dicimus, redditur : reportatur Segestam : in suis antiquis sedibus summa cum gratulatione civium et lætitia reponitur. Hæc erat posita Segestæ, sane excelsa in basi ; in qua grandibus litteris *P. Africani* nomen erat incisum, eumque *Carthagine capta, restituisse* perscriptum : colebatur a civibus : ab omnibus advenis visebatur : quum quæstor essem, nihil mihi ab illis est demonstratum prius. Erat admodum

rare et de beau, fut transporté à Carthage. On y voyait, entre autres choses, une statue de Diane, aussi recommandable par l'ancienneté du culte dont elle était honorée, que par la beauté du travail. Transférée à Carthage, elle ne fit que changer de lieu et d'adorateurs. Son culte fut toujours le même ; sa beauté lui conserva les mêmes hommages chez un peuple ennemi.

77. Quelques siècles après, dans la troisième guerre punique, Carthage fut prise par la valeur de P. Scipion. (Admirez ici la vertu et l'attention de ce grand homme, et en vous réjouissant de trouver chez vous de si beaux exemples, concevez une juste indignation contre l'audace incroyable de Verrès.) Après sa victoire, sachant que la Sicile avait été longtemps ravagée par les Carthaginois, il assemble les Siciliens, leur ordonne de faire enquête de ce qu'ils pouvaient avoir perdu, et promet de rendre scrupuleusement à chaque ville ce qui lui aurait appartenu. Alors on reporta à Thermini tout ce qui avait été autrefois enlevé d'Himère : j'ai déjà parlé des enlèvements faits à cette ville. Galèze, Agrigente, recouvrèrent ce qu'elles avaient perdu dans les anciens temps. Agrigente recouvra entre autres choses ce fameux taureau, l'instrument des cruautés du barbare Phalaris, et du supplice des malheureux que ce tyran y renfermait, pour les faire mourir par la violence des feux qu'il allumait autour. On rapporte que Scipion, en le rendant aux habitants d'Agrigente, dit que les Siciliens devaient comparer la domination des Romains au joug de leurs compatriotes, voir lequel des deux partis était le plus avantageux pour eux, en considérant que le même monument qui attestait la tyrannie de leurs princes, annonçait aussi la douceur et la justice de notre gouvernement.

XXXIV. Alors cette Diane dont nous parlons fut rendue bien soigneusement aux Ségestains, et reportée dans leur ville, où les citoyens, avec de grands transports de joie et d'allégresse, la posèrent sur ses anciens autels. Elle était sur un piédestal élevé, qui portait le nom du grand Scipion écrit en gros caractères. On y lisait ces mots : *Scipion, après la prise de Carthage, a rendu cette statue aux Ségestains.* Elle était l'objet du culte des habitants de cette ville et de la curiosité des étrangers : lorsque j'étais questeur, c'est la première chose qu'on me montra à Ségeste. La

amplum et excelsum signum cum stola : verumtamen inerat in illa magnitudine ætas atque habitus virginalis : sagittæ pendebant ab humero ; sinistra manu relinebat arcum ; dextra ardentem facem præferebat.

79. Hanc quum iste sacrorum omnium hostis religionumque prædo vidisset, quasi illa ipsa face percussus esset, ita flagrare cupiditate atque amentia cœpit. Imperat magistratibus iste ut eam demoliantur, et sibi dent; nihil sibi gratius ostendit futurum : illi vero dicere id sibi nefas esse; seque, quum summa religione, tum summo metu legum et judiciorum teneri : iste tum petere ab illis, tum minari, tum spem, tum metu ostendere. Opponebant illi interdum nomen P. Africani : donum populi romani illud esse dicebant, nihil se in eo potestatis habere, quod imperator clarissimus, urbe hostium capta, monumentum victoriæ populi romani esse voluisset.

80. Quum iste nihilo remissius, atque etiam multo vehementius instaret quotidie, res agitur in senatu : vehementer ab omnibus reclamatur. Itaque, illo tempore, ac primo istius adventu pernegatur. Postea, quidquid erat oneris in nautis remigibusque exigendis, in frumento imperando, Segestanis præter ceteros imponebat, aliquanto amplius quam ferre possent : præterea magistratus eorum evocabat : optimum quemque et nobilissimum ad se arcessebat ; circum omnia provinciæ fora rapiebat : singillatim unicuique calamitati fore se denuntiabat, universam se funditus illam eversurum esse civitatem minabatur. Itaque aliquando, multis malis, magnopere metu victi Segestani, prætoris imperio parendum esse decreverunt : magno cum luctu et gemitu totius civitatis, multis cum lacrymis et lamentatione virorum mulierumque omnium, simulacrum Dianæ tollendum locatur.

XXXV. Videte quanta religione fuerit. Apud Segestanos repertum esse, judices, scitote neminem, neque liberum, neque servum, neque civem peregrinum, qui illud signum auderet attingere. Barbaros quosdam Lily-

déesse était représentée en robe longue : sa hauteur presque colossale, et sa grosseur proportionnée, n'empêchaient pas qu'on y reconnût les traits et l'air d'une vierge. Son carquois pendait sur ses épaules ; de la main gauche elle tenait un arc, et de la droite une torche allumée.

79. A peine cet ennemi de toutes les choses sacrées, ce ravisseur de tout ce que la religion rendait respectable, aperçoit-il cette statue, que sa passion le transporte, le brûle, comme si la torche de la déesse eût pénétrée jusque dans son sein. Il ordonne aux magistrats de la faire ôter de sa place, de la lui donner, et leur déclare qu'ils ne peuvent lui faire un plus grand plaisir. Ceux-ci lui répondent qu'il ne leur est pas permis de la donner ; que leur religion et la crainte des lois et des châtiments les en empêchent. Verrès prie, menace, tente toutes les voies de la crainte et de l'espérance. On lui oppose de temps en temps le nom de Scipion ; on lui dit que c'est un présent du peuple romain, et que la ville n'a aucun droit sur une chose dont le destructeur de Carthage avait voulu faire le monument de la victoire des Romains.

80. Verrès, loin de se relâcher, devient chaque jour plus pressant et plus importun. On agite cette affaire dans le sénat : tous rejettent hautement une telle proposition. En ce temps-là donc, et la première fois qu'il revint, on le refusa absolument. Depuis ce jour, s'agissait-il de demander aux villes des matelots, des rameurs ou du blé, il taxait toujours Ségeste au-dessus des autres villes, souvent même au delà de ses forces ; il mandait les magistrats, faisait venir les plus vertueux et les plus nobles, les promenait par toutes les villes où les fonctions de sa charge l'obligeaient de se transporter : il disait à chacun en particulier, qu'il ferait le malheur de leur ville ; et il les menaçait de sa destruction. Les Ségestains donc, cédant à tant de persécutions et à la crainte de plus grands malheurs, se déterminent à obéir au préteur. Enfin, au milieu de la tristesse et des gémissements de toute la ville, au milieu des larmes et des lamentations des hommes et des femmes, on fait prix pour ôter de sa place la statue de Diane.

XXXV. Jugez du respect et du culte que toute cette ville rendait à cette déesse ; hommes libres, esclaves, citoyens, étrangers, personne n'osa toucher à sa statue. On fit venir de Lilybée quelques ouvriers, qui, ignorant le

bæo scitote advocatos esse operarios : hi denique illud, ignari totius negotii ac religionis, mercede accepta, sustulerunt. Quod quum ex oppido exportaretur, quem conventum mulierum factum esse arbitramini? quem fletum majorum natu? quorum nonnulli etiam illum diem memoria tenebant quum illa eadem Diana Segestam Carthagine revecta, victoriam populi romani reditu suo nuntiasset. Quam dissimilis hic dies illi tempori videbatur! tum imperator populi romani, vir clarissimus, deos patrios reportabat Segestanis, ex urbe hostium recuperatos : nunc ex urbe sociorum prætor ejusdem populi turpissimus atque impurissimus, eosdem illos deos nefario scelere auferebat. Quid hoc tota Sicilia est clarius, quam omnes segestanas matronas et virgines convenisse, quum Diana exportaretur ex oppido; unxisse unguentis; complesse coronis; et floribus thure odoribusque incensis, usque ad agri fines prosecutas esse?

82. Hanc tu tantam religionem, si tum in imperio, propter cupiditatem atque audaciam, non pertimescebas; ne nunc quidem, in tanto tuo liberorumque tuorum periculo, perhorrescis? Quem tibi aut hominem, invitis diis immortalibus, aut vero deum, tantis eorum religionibus violatis, auxilio futurum putas? Tibi illa Diana in pace atque in otio religionem nullam attulit? quæ, quum duas urbes, in quibus locata fuerat, captas incensasque vidisset, bis ex duorum bellorum flamma ferroque servata est : quæ Carthaginiensium victoria, loco mutato, religionem tamen non amisit; P. Africani virtute religionem simul cum loco recuperavit? Quo quidem scelere suscepto, quum inanis esset basis, et in ea P. Africani nomen incisum, res indigna atque intoleranda videbatur omnibus, non solum religiones esse violatas, verum etiam P. Africani, viri fortissimi, rerum gestarum gloriam, memoriam virtutis, monumenta victoriæ, C. Verrem sustulisse. Quod quum isti renuntiaretur de basi ac litteris, existimavit homines in oblivionem totius negotii esse venturos, si etiam basim, tanquam iudicem sui sceleris, sustulisset : itaque tollendam istius imperio loca-

nœud de cette affaire, et le culte qu'on rendait à cette statue, l'ôtèrent de dessus son piédestal, après avoir reçu leur salaire. Représentez-vous à ce moment l'alarme et le concours des femmes de la ville ; les larmes et les gémissements des vieillards, dont quelques-uns se souvenaient du jour où cette statue, reportée de Carthage à Ségeste, avait annoncé, par son retour, la victoire du peuple romain. Que ce dernier jour leur paraissait différent de ce temps heureux ! Alors un général de l'armée romaine, et l'un de nos plus illustres, leur renvoyait les dieux de leurs pères, qu'il venait d'enlever à leurs anciens ennemis, et dans ces derniers temps, le plus indigne et le plus infâme préteur qui fut jamais, par un crime détestable, ôtait à une ville confédérée ces mêmes dieux ! Toute la Sicile n'a-t-elle pas vu les dames et les jeunes filles assemblées, quand on transporta cette déesse, répandre sur elle les parfums les plus exquis, la charger de fleurs et de couronnes, faire brûler de l'encens en son honneur, et l'accompagner jusqu'aux limites de leur territoire ?

82. Si l'orgueil du commandement, l'audace et la cupidité vous faisaient alors mépriser ce culte religieux ; dans le péril où vous êtes aujourd'hui, vous et vos enfants, n'êtes-vous pas effrayé au souvenir de ce mépris ? Quels secours attendez-vous ou de la part des hommes, qui ne sauraient vous défendre de la colère des dieux, ou de la part des dieux mêmes, qui ne peuvent vouloir sauver celui qui a détruit leur culte et profané leurs autels? Quoi ! dans un temps de paix, chez un peuple ami, vous n'avez point respecté la statue de Diane, qui, ayant vu réduire en cendres deux villes, a deux fois été sauvée du fer et du feu, et des ravages de la guerre ; qui, après la victoire des Carthaginois, transportée dans une terre étrangère, reçut les mêmes hommages ; qui fut enfin rétablie par la valeur du grand Scipion, dans son ancien temple et dans son premier culte ? Après cet indigne enlèvement, tous ceux qui ne voyaient plus que le piédestal, sur lequel était gravé le nom de Scipion, regardaient comme un crime impardonnable que Verrès, se dépouillant de tout sentiment de religion, eût fait disparaître ce monument de la gloire et de la vertu du héros vainqueur de Carthage. Instruit des sentiments que faisait naître la vue du piédestal et de cette inscription, il crut, en détruisant ces témoins et ces indices de son crime, dérober à la postérité la connaissance de cette impiété. Les Ségestains, par son ordre, font un nouveau marché avec les

verunt ; quæ vobis locatio ex publicis Segestanorum litteris priore actione recitata est.

XXXVI. Te nunc, P. Scipio, te, inquam, lectissimum ornatissimumque adolescentem appello : abs te officium tuum, debitum generi et nomini, requiro et flagito. Cur pro isto, qui laudem honoremque familiæ vestræ depeculatus est, pugnas ? cur eum defensum esse vis? cur ego tuas partes suscipio ? cur tuum onus sustineo ? M. Tullius P. Africani monumenta requirit : P. Scipio eum, qui illa sustulit, defendit. Quum mos a majoribus traditus sit, ut monumenta majorum ita suorum quisque defendat, ut ea ne ornari quidem nomine alieno sinat ; tu isti aderis, qui non obstruxit aliqua ex parte monumenta P. Scipionis, sed funditus sustulit ac delevit ?

84. Quisnam igitur, per deos immortales, tuebitur P. Scipionis memoriam mortui? quis monumenta atque indicia virtutis, si tu ea relinquis ac deseris? neque solum spoliata illa patiere, sed etiam eorum spoliatorem vexatoremque defendes? Adsunt Segestani, clientes tui, socii populi romani atque amici : certiorem te faciunt P. Africanum, Carthagine deleta, simulacrum Dianæ majoribus suis restituisse ; idque apud Segestanos ejus imperatoris nomine positum ac dedicatum fuisse : hoc Verrem demoliendum et asportandum, nomenque omnino P. Scipionis delendum tollendumque curasse : orant te atque obsecrant ut sibi religionem, generi tuo laudem gloriamque restituas ; ut, quod ex urbe hostium per P. Africanum recuperarint, id per te ex prædonis domo conservare possint.

XXXVII. Quid aut his respondere honeste potes? aut illi facere, nisi ut te ac fidem tuam implorent ? adsunt, et implorant : potes domesticæ laudis amplitudinem, Scipio, tueri ; potes : omnia in te sunt, quæ aut fortuna hominibus, aut natura largitur : non præcerpo fructum officii tui ; non alienam mihi laudem appeto :

ouvriers, pour faire cette démolition. On vous a lu dans la séance précédente les conditions de ce marché, extraites des registres publics.

XXXVI. Je vous interpelle maintenant, Scipion, vous qui, dans votre jeunesse, montrez tant de vertus et de grandes qualités ; j'exige de vous ce que vous devez à votre sang et à votre nom. Pouvez-vous donc vous déclarer le protecteur d'un homme qui a profané la gloire de votre maison ? Pourquoi voulez-vous qu'on le justifie ? pourquoi suis-je obligé de prendre ici vos intérêts, de me charger de votre fonction ? Quoi ! Cicéron réclame les monuments du second Africain, et P. Scipion protége celui qui les a détruits ? Nos anciens ont fait une loi sacrée à chacun de défendre et de conserver les monuments de sa famille, de porter même l'exactitude jusqu'au point de ne pas souffrir que le nom d'un étranger y soit inscrit ; et vous favoriseriez Verrès, qui a, je ne dis pas mis son nom par force ou par fraude sur les monuments de Scipion, mais qui les a totalement détruits et renversés !

84. Dieux immortels ! qui soutiendra donc la mémoire de Scipion ? qui se chargera de défendre les monuments de sa vertu, si vous en abandonnez le soin ? non-seulement vous souffrirez qu'on les enlève, mais vous en protégerez encore le destructeur ! Ecoutez le rapport des Ségestains, vos clients et les amis du peuple romain : ils vous disent qu'après la ruine de Carthage, P. Scipion rendit à leurs pères cette statue de Diane, et qu'elle fut remise en place et consacrée au nom et sous les auspices de ce général ; que Verrès, en la faisant ôter et transporter, fit aussi effacer et enlever entièrement le nom de Scipion. Ils vous conjurent de leur faire rendre l'objet de leur culte, et de rétablir ce monument qui fait la gloire de votre famille ; de les aider à retirer de la maison d'un brigand cette statue qu'ils avaient recouvrée de chez les ennemis par la valeur de Scipion.

XXXVII. Quelle réponse raisonnable pouvez-vous leur donner, et que peuvent-ils faire autre chose que d'implorer votre secours ? Les voici, et ils vous adressent leurs prières ; vous pouvez conserver la gloire de votre maison, oui, vous le pouvez ; vous réunissez tous les avantages de la fortune et de la nature. Je ne vous enlèverai pas l'honneur de remplir un si beau devoir : je ne suis point jaloux de la gloire d'au-

non est pudoris mei, P. Scipione, florentissimo adolescente, vivo et incolumi, me propugnatorem monumentorum P. Scipionis defensoremque profiteri.

86. Quamobrem, si suscipis domesticæ laudis patrocinium, me non solum silere de vestris monumentis oportebit, sed etiam lætari P. Africani ejusmodi esse fortunas mortui, ut ejus honos ab iis, qui ex eadem familia sunt, defendatur, neque ullum adventitium requiratur auxilium. Sin istius amicitia te impediet; si hoc, quod abs te postulo, minus ad officium tuum pertinere arbitrare, succedam ego vicarius tuo muneri, suscipiam partes quas alienas esse arbitrabar; ne ista præclara nobilitas desinat queri, populum romanum hominibus novis atque industriis libenter honores mandare semperque mandasse. Non est querendum, in ea civitate, quæ propter virtutem omnibus nationibus imperat, virtutem plurimum posse. Sit apud alios imago P. Africani : ornentur alii mortui virtute ac nomine : talis ille vir fuit, ita de populo romano meritus est, ut non uni familiæ, sed universæ civitati commendatus esse debeat. Est aliqua mea pars virilis, quod ejus civitatis sum, quam ille amplam, illustrem claramque reddidit; præcipue quod in his artibus pro mea parte versor, quarum ille princeps fuit, æquitate, industria, temperantia, defensione miserorum, odio improborum : quæ cognatio studiorum et artium propemodum non minus est conjuncta quam ista, qua vos delectamini, generis et nominis.

XXXVIII. Repeto abs te, Verres, monumentum P. Africani ; causam Siculorum, quam suscepi, relinquo ; judicium de pecuniis repetundis ne sit hoc tempore ; Segestanorum injuriæ negligantur : basis P. Africani restituatur ; nomen invectissimi imperatoris incidatur ; signum pulcherrimum Carthagine captum reponatur. Hæc abs te non Siculorum defensor, non tuus accusator, non Segestani postulant; sed is qui laudem gloriamque P. Africani tuendam conservandamque suscepit. Non vereor ne hoc officium P. Servilio judici

trui. Je rougirais de me déclarer le protecteur et le vengeur des monuments de P. l'Africain, tandis que nous possédons le jeune Scipion, digne héritier de ce héros.

86. Si donc vous vous chargez de défendre l'honneur de votre famille, je garderai le silence sur ces monuments, les dépositaires de sa gloire : je me réjouirai de ce que Scipion trouve après sa mort un défenseur dans sa maison, sans avoir besoin d'un appui étranger. Mais si l'amitié de Verrès vous retient, si vous pensez que ce que je vous demande n'intéresse que peu votre devoir, je prendrai votre place ; je me chargerai d'une commission que je croyais ne pas m'appartenir ; afin que cette illustre noblesse ne cesse de se plaindre de ce que le peuple romain confère encore aujourd'hui les honneurs à des hommes nouveaux, et que leur industrie seule a élevés. Cependant il est injuste de se plaindre de ce que peut la vertu dans une ville que la vertu seule a rendue maîtresse des nations. Que d'autres, après la mort de Scipion, exposent ses images, se décorent de sa gloire et de son nom, j'y consens ; mais je soutiens que ce grand homme, et par lui-même, et par les services qu'il a rendus à la république, doit intéresser à sa mémoire, non pas une seule famille, mais Rome tout entière. Je dois être animé moi-même de mon zèle, comme citoyen d'une ville qu'il a rendue plus puissante et plus illustre : je le dois surtout comme admirateur de ses vertus éclatantes ; je veux dire, de son équité, de son amour du travail, de sa tempérance, de son ardeur à défendre la vertu, et de sa haine contre les méchants. Cette affinité de goût, cette ressemblance de conduite et de mœurs, sont des liens peut-être aussi forts que ceux du nom et du sang dont vous faites tant d'état.

XXXVIII. Je ne réclame maintenant, Verrès, que le monument de la gloire de Scipion. J'abandonne la cause des Siciliens, dont je me suis chargé ; ne parlons pas actuellement de vos concussions ; oublions les vexations que les Ségestains ont endurées de votre part ; rétablissez seulement ce piédestal ; qu'on y grave le nom de cet invincible général ; qu'on replace cette magnifique statue reprise à Carthage. Je ne vous fais point ces demandes comme défenseur des Siciliens, ni comme votre accusateur ; ce ne sont point les Ségestains qui vous les font, c'est celui qui s'est chargé de soutenir et de conserver la gloire de ce grand homme. Mon zèle ne sera pas sans doute désagréable

non probem; qui quum res maximas gesserit, monumentaque suarum rerum quum maxime constituat atque in his elaboret; profecto volet hæc non solum suis posteris, verum etiam omnibus viris fortibus et bonis civibus defendenda, non spolianda improbis tradere. Non vereor ne tibi, Q. Catule, displiceat, cujus amplissimum in orbe terrarum clarissimumque monumentum est, quam plurimos esse custodes monumentorum, et putare omnes bonos alienæ gloriæ defensionem ad officium suum pertinere.

88. Et quidem ceteris istius furtis atque flagitiis ita moveor, ut ea reprehendenda tantum putem : hic vero tanto dolore afficior, ut nihil mihi indignius, nihil mihi minus ferendum videatur. Verres Africani monumentis domum suam, plenam stupri, plenam flagitii, plenam dedecoris, ornabit? Verres temperatissimi sanctissimique viri monumentum, Dianæ simulacrum virginis, in ea domo collocabit, in qua semper meretricum lenonumque flagitia versantur?

XXXIX. Octava narratio. *De Mercurio*. At hoc solum Africani monumentum violasti? Quid? a Tyndaritanis non ejusdem Scipionis beneficio, positum simulacrum Mercurii, pulcherrime factum, sustulisti? At quemadmodum, dii immortales! quam audacter! quam libidinose! quam impudenter! Audistis nuper dicere legatos tyndaritanos, homines honestissimos ac principes civitatis, Mercurium, qui sacris anniversariis apud eos ac summa religione coleretur, quem P. Africanus, Carthagine capta, Tyndaritanis non solum suæ victoriæ, sed etiam illorum fidei societatisque monumentum atque indicium dedisset, hujus vi, scelere, imperioque esse sublatum : qui ut primum in illud oppidum venit, statim, tanquam ita fieri non solum oporteret, sed etiam necesse esset, tanquam hoc senatus mandasset, populusque romanus jussisset ; ita continuo signum ut demolirentur, et Messanam deportarent, imperavit.

90. Quod quum illis qui aderant indignum, quia audiebant incredibile videretur; non est ab isto, primo

à P. Servilius, un de vos juges, qui déjà illustre par ses belles actions, occupé du soin d'élever des monuments qui en éternisent la mémoire, bien loin de prétendre qu'ils servent un jour de proie à l'audace et à l'avarice, souhaite déjà que tous les hommes de cœur et tous les bons citoyens se joignent à ses descendants, pour les défendre et les conserver. Pour vous, illustre Catulus, qui avez élevé le plus beau et le plus auguste de tous les monuments, vous approuvez sans doute que ceux des autres trouvent plus d'un défenseur, et que tous ceux qui aiment la vertu, se croient obligés de parler en faveur de la gloire des grands hommes.

88. Pour moi, je considère les autres crimes et les autres injustices de Verrès comme dignes d'être punis par le blâme; mais à ce dernier trait surtout, mon cœur est saisi de douleur et d'indignation, rien ne me paraît si atroce et moins supportable. Les monuments du grand Africain serviront à décorer la maison de Verrès, maison de débauche, d'opprobre et d'infamie! Les trophées du plus religieux et du plus sage des Romains, la statue de la chaste Diane, seront placés dans ce repaire d'hommes perdus et de femmes déhontées!

XXXIX. N'avez-vous déshonoré que ce seul monument de Scipion? Quoi! n'avez-vous pas enlevé aux habitants de Tyndare une très-belle statue de Mercure, que ce même Scipion avait fait placer dans leur ville? Dieux immortels! avec quelle audace, avec quelle impudence fit-il cet enlèvement! Vous avez entendu, il n'y a pas longtemps, les députés de Tyndare, tous connus par leur probité, et les premiers citoyens de cette ville; ils nous ont dit que ce Mercure, l'objet principal de leur culte, honoré chez eux par des fêtes annuelles, digne présent que leur fit Scipion après la prise de Carthage, pour être le monument de sa victoire, le gage et la marque de leur fidélité et de leur alliance avec nous, leur avait été arraché par les ordres, les violences et les mauvais traitements de Verrès. A son arrivée dans cette ville, comme si la chose eût été non-seulement de droit, mais encore nécessaire, comme si le sénat et le peuple romain l'eussent ainsi décidé, il ordonna sur-le-champ de descendre la statue, et de la transporter à Messine.

90. Comme cet ordre parut indigne à ceux qui étaient présents, et incroyable aux absents qui en entendirent parler, il n'en pressa point l'exécution dans ce premier voyage;

De Signis, *lat.-franç.* 4

illo adventu, perseveratum : discedens mandat proagoro Sopatro, cujus verba audistis, ut demoliatur : quum recusaret, vehementer minatur : ita tum ex illo oppido proficiscitur. Proagorus refert rem ad senatum : vehementer undique reclamatur. Ne multa : iterum iste aliquanto post ad illos venit : quærit continuo de signo : respondetur ei senatum non permittere ; pœnam capitis constitutam , si injussu senatus quisquam attigisset : simul religio commemoratur. Tum iste : *Quam mihi religionem narras? quam pœnam? quem senatum? vivum te non relinquam : moriere virgis, nisi signum traditur.* Sopater iterum flens ad senatum refert : istius cupiditatem minasque demonstrat. Senatus Soprato responsum nullum dat, sed commotus perturbatusque discedit. Ille, prætori arcessitus nuntio, rem demonstrat : negat ullo modo fieri posse.

XL. Atque hæc (nihil enim prætermittendum de istius impudentia videtur) agebantur in conventu palam de sella ac loco superiore. Erat hiems summa ; tempestas, ut ipsum Sopatrum dicere audistis, perfrigida ; imber maximus : quum iste imperat lictoribus ut Sopatrum de porticu , in qua ipse sedebat, præcipitem in forum dejiciant nudumque constituant. Vix erat hoc plane etiam imperatum, quum illum spoliatum stipatumque lictoribus videres. Omnes ideo putabant ut miser atque innocens virgis cæderetur : fefellit hæc homines opinio : virgis iste cæderet sine causa socium populi romani atque amicum? non est usque eo improbus; non omnia sunt in eo uno vitia : nunquam fuit crudelis : leniter hominem clementerque accepit. Equestres sunt medio in foro Marcellorum statuæ , sicuti fere ceteris in oppidis Siciliæ : ex quibus iste C. Marcelli statuam delegit , cujus officia in illa civitate totaque provincia recentissima erant et maxima : in ea Sopatrum, hominem tum domi nobilem, tum summo magistratu præditum, divaricari ac deligari jubet.

92. Quo cruciatu sit affectus, venire in mentem ne-

mais en partant, il ordonna au premier magistrat, nommé Sopater, dont vous avez entendu la déposition, de faire ôter de sa place ce Mercure. Celui-ci refusant d'obéir, Verrès lui fait de plus fortes menaces, et part de la ville dans cette irritation. Sopater en fait son rapport au sénat; tous se récrient, et protestent contre l'ordre du préteur. Enfin, peu de jours après, Verrès arrive et s'informe d'abord de ce qui concerne la statue. Sopater répond que le sénat s'oppose à sa volonté; qu'il est défendu, sous peine de mort, d'y toucher sans l'ordre du sénat: il lui représente en même temps le motif de la religion. « De quelle religion me parlez-vous, reprend alors Verrès? de quelle peine, de quel sénat? il vous en coûtera la vie; vous expirerez sous les verges, si l'on ne me livre cette statue. » Sopater retourne au sénat, les yeux baignés de pleurs; il annonce la cupidité du préteur et ses menaces. Le sénat ne lui rend aucune réponse, et se sépare interdit et troublé. Sopater, mandé par le préteur, lui rend compte de ce qui s'est passé, et lui déclare qu'il lui est impossible d'obéir à ses ordres.

XL. Toute cette affaire (pour n'omettre aucune circonstance propre à caractériser son impudence) se passait en présence du peuple assemblé, le préteur étant sur son tribunal. C'était au fort de l'hiver, et comme Sopater l'a dit, le temps était très-froid, et il pleuvait beaucoup. Cependant Verrès ordonne à ses satellites d'arracher ce magistrat de dessous le portique où il était lui-même assis, de le traîner au milieu de la place et de le dépouiller. Il dit, et Sopater paraît tout nu au milieu des licteurs. Tous pensaient que cet infortuné, malgré son innocence, allait être déchiré à coups de verges; on se trompa. Verrès traiterait ainsi, sans aucun sujet, un honnête homme, ami et allié du peuple romain! Il n'est pas si méchant; il ne réunit pas en lui tous les vices, jamais il ne fut cruel. Il montra en effet de la douceur et de l'humanité envers Sopater. Il y a dans la place publique de cette ville, comme dans presque toutes les autres de la Sicile, des statues équestres des Marcellus. Il choisit celle de Caïus, à qui la province était redevable d'importants services nouvellement rendus; il y fit étendre et attacher le malheureux Sopater, né d'une famille illustre, et revêtu de la première magistrature.

92. On comprend aisément ce qu'il souffrait, attaché ainsi

cesse est omnibus, quum esset vinctus nudus in ære, in imbri, in frigore : neque tamen finis huic injuriæ crudelitatique fiebat, donec populus atque universa multitudo, atrocitate rei misericordiaque commota, senatum clamore coegit ut ei simulacrum illud Mercurii polliceretur : clamabant fore ut ipsi sese dii immortales ulciscerentur; hominem interea perire innocentem non oportere. Tum frequens senatus ad istum venit : pollicetur signum. Ita Sopater de statua C. Marcelli, quum jam pæne obriguisset, vix vivus aufertur.

XLI. Non possum disposite istum accusare, si cupiam : opus est non solum ingenio, verum etiam artificio quodam singulari. Unum hoc crimen videtur esse, et a me pro uno ponitur : de Mercurio tyndaritano plura sunt ; sed ea quo pacto distinguere ac separare possim, nescio : est pecuniarum captarum, quod signum a sociis pecuniæ magnæ sustulit : est peculatus ; quod publice populi romani signum, de præda hostium captum, positum imperatoris nostri nomine, non dubitavit auferre : est majestatis, quod imperii nostri gloriæ rerumque gestarum monumenta evertere atque asportare ausus est : est sceleris, quod religiones maximas violavit ; est crudelitatis, quod in hominem innocentem, in socium nostrum atque amicum, novum ac singulare supplicii genus excogitavit.

94. Illud vero quid sit, jam non queo dicere : quo nomine appellem, nescio : Quod in C. Marcelli statua Quid est hoc? patronusne quod erat? quid tum? quo id spectat? utrum ea res ad opem, an ad calamitatem clientium atque hospitum valere debebat? an ut hoc ostenderes, contra vim tuam in patronis præsidii nihil esse? quis hoc non intelligeret, in improbi præsentis imperio majorem esse vim, quam in bonorum absentium patrocinio? an vero ex hoc illa tua singularis significatur insolentia, superbia, contumacia? detrahere videlicet

ou sur le bronze, et exposé au froid et à la pluie. Cependant ce supplice cruel et injurieux ne finissait point; il fallut que tout le peuple, touché de compassion, et ne pouvant plus soutenir la vue d'un si indigne traitement, forçât, par ses cris, le sénat de promettre au préteur cette statue de Mercure. Tous s'écriaient que les dieux en tireraient vengeance, et qu'il ne fallait pas laisser périr un innocent. Le sénat en corps se rend auprès de Verrès, et lui promet ce qu'il désire. Alors Sopater fut détaché de la statue de Marcellus, et transporté chez lui, roide de froid et presque mourant.

XLI. Je ne puis, quand je le voudrais, formuler contre Verrès mes accusations avec ordre : pour le bien peindre, il faut non-seulement de l'esprit, mais un art tout particulier. Il ne paraît qu'un crime dans tout ce que Verrès a fait pour enlever ce Mercure de Tyndare, et moi-même je n'en fais qu'un, quoiqu'il en renferme plusieurs. Mais comment les démêler, et désigner en particulier tous ces crimes accumulés dans un seul? crime de concussion : il a volé à nos alliés une statue d'un grand prix ; crime de péculat : il a publiquement enlevé ce qui appartenait au peuple romain, comme faisant partie des dépouilles de nos ennemis vaincus, et ayant été placé dans cette ville au nom et sous les auspices de notre général ; crime contre la majesté de notre empire : il n'a pas craint de fouler aux pieds la gloire du nom romain, de renverser les monuments de nos exploits, et de se les approprier ; crime contre la religion : il a profané ce qu'elle a de plus sacré ; crime contre l'humanité : il a inventé un supplice jusqu'alors inouï contre un homme innocent, contre un ami, un allié du peuple romain.

94. Mais quel nom donner à l'insulte faite à la statue de Marcellus? quelle est cette nouvelle espèce d'attentat? Je ne vois pas d'expression qui lui convienne. Avez-vous choisi la statue de Marcellus, parce qu'il était le protecteur des Siciliens? mais quelle était votre idée? En cette qualité, devait-elle servir à la défense de ses hôtes et de ses clients, ou devenir l'instrument de leur supplice? Avez-vous prétendu donner à connaître qu'il n'y avait point de protection efficace contre votre tyrannie? Qui ne sait que les ordres d'un méchant, quand il est présent, ont plus de force que la protection des gens de bien qui sont absents? Ce dernier trait ne caractérise-t-il pas l'insolence, l'orgueil, la témérité que vous seul pouvez porter à cet excès? Vous avez cru sans doute dimi-

te de amplitudine Marcellorum putasti : itaque nunc Siculorum Marcelli non sunt patroni ; Verres in eorum locum substitutus est.

95. Quam in te tantam virtutem esse aut dignitatem arbitratus es, ut conarere clientelam tam illustrem, tam splendidæ provinciæ transducere ad te, auferre a certissimis antiquissimisque patronis? Tu ista stultitia, nequitia, inertia, non modo totius Siciliæ, sed unius tenuissimi Siculi clientelam tueri potes? tibi Marcelli statua pro patibulo in clientes Marcellorum fuit? tu ex illius honore in eos ipsos, qui honorem illi habuerant, supplicia quærebas? Quid postea, quid tandem tuis statuis fore arbitrabare? an vero id quod accidit? Nam Tyndaritani statuam istius, quam sibi propter Marcellos, altiore etiam basi poni jusserat, deturbarunt, simul ac successum isti audierunt.

XLII. Dedit igitur tibi fortuna Siculorum C. Marcellum judicem, ut, cujus ad statuam Siculi, te prætore, alligabantur, ejus religioni te eumdem vinctum adstrictumque dedamus. Ac primo, judices, hoc signum Mercurii dicebat iste Tyndaritanos C. Marcello huic Æsernino vendidisse ; atque hoc sua causa etiam Marcellum ipsum sperabat esse dicturum : quod mihi nunquam verisimile visum est, adolescentem illo loco natum, patronum Siciliæ, nomen suum isti ad translationem criminis commodaturum. Verumtamen ita res mihi tota prævisa atque præcauta est, uti, si maxime esset inventus qui in se suscipere istius culpam crimenque cuperet, tamen is proficere nihil posset : eos enim testes deduxi, et eas litteras deportavi, ut de istius facto dubium nemini esse posset.

97. Publicæ litteræ sunt, deportatum esse Mercurium Messanam sumptu publico; dicunt quanti : præfuisse huic negotio publice legatum Poleam : quid? is ubi est? Præsto est : testis est. Proagori Sopatri jussu : quis est hic? Qui ad statuam adstrictus est : quid? is ubi est? Testis est : vidistis hominem, et verba ejus audistis. Demoliendum curavit Democritus gymnasiarchus,

nuer la gloire et la grandeur de cette illustre famille. Ainsi, les Marcellus ne sont plus les patrons de la Sicile? Verrès a été substitué en leur place.

96. Quel mérite, quelle distinction avez-vous cru trouver en vous, pour aspirer au titre glorieux de protecteur d'une si belle province, et pour en dépouiller ceux à qui il appartient incontestablement et depuis si longtemps? Quoi! sans talents, sans probité, sans mérite, vous pourriez être le protecteur, je ne dis pas de toute la Sicile, mais du dernier des citoyens? Par vos ordres, la statue d'un Marcellus a servi de gibet aux clients de cette maison? Le monument de sa gloire devient l'instrument du supplice pour ceux qui le lui ont érigé? Quel respect pensiez-vous qu'on aurait pour vos statues? vous vous attendiez sans doute à ce qui leur est arrivé? car les Tyndaritains, aussitôt qu'ils eurent su le mauvais tour qu'avait pris l'affaire de Verrès, abattirent la statue qu'il avait fait placer auprès de celles des Marcellus, et sur un piédestal plus élevé.

XLII. La fortune des Siciliens vous a donné aujourd'hui pour juge C. Marcellus, afin que nous vous livrions lié et garrotté à la justice de celui dont la statue, sous votre préture, servait de chevalet aux malheureux Siciliens. Premièrement, juges, Verrès annonçait que la ville de Tyndare avait vendu ce Mercure à C. Marcellus, natif d'Eserne. Il se flattait que Marcellus se rendrait à ses vues, et dirait la même chose; mais il ne m'a jamais paru vraisemblable que ce jeune Romain, digne rejeton d'une si belle tige, et protecteur né de la Sicile, voulût prêter son nom à Verrès, et se charger de son crime : cependant à tout événement, j'ai pris de si bonnes mesures, que, s'il se trouvait quelqu'un qui voulût prendre sur soi la faute de Verrès et l'accusation intentée contre lui, cet artifice ne pourrait point nuire à la vérité. J'ai amené ici des témoins du fait, et j'ai apporté des mémoires qui ne laisseront aucun doute à personne.

97. Les registres publics portent que cette statue a été transférée à Messine aux frais de la province : ils marquent combien il en a coûté, et que Poléa fut chargé par les magistrats de présider à ce transport. Où est ce Poléa? le voici : c'est un des témoins. Tout s'est fait par ordre du magistrat Sopater. Quel est Sopater? celui qui fut attaché à la statue de Marcellus. Accusez-vous vrai? où est-il donc? c'est encore un témoin; vous l'avez vu, vous l'avez entendu. Démocrite, qui préside aux exercices des lutteurs, se chargea

quod is eo loco præerat : quid ? hoc nos dicimus ? imo vero ipse præsens : Romæ nuper ipsum esse pollicitum, sese id signum legatis esse redditurum, si ejus rei testificatio tolleretur, cautumque esset testimonium non esse dicturos. Dixit hoc apud vos Zosippus et Hismenias, homines nobilissimi, et principes tyndaritanæ civitatis.

XLIII. NONA NARRATIO. *De furtis nocturnis.* Quid ? Agrigento nonne ejusdem P. Scipionis monumentum, signum Apollinis pulcherrimum, cujus in femine, litterulis minutis argenteis nomen Myronis erat inscriptum, ex Æsculapii religiosissimo fano sustulisti ? Quod quidem, judices, quum iste clam fecisset, quum ad suum scelus illud furtumque nefarium quosdam homines improbos, duces atque adjutores adhibuisset, vehementer commota civitas est. Uno eodem tempore Agrigentini beneficium Africani, religionem domesticam, ornamentum urbis, indicium victoriæ, testimonium societatis requirebant. Itaque ab illis qui principes in ea civitate erant, præcipitur et negotium datur quæstoribus et ædilibus ut noctu vigilias agerent ad ædes sacras : etenim iste Agrigenti (credo propter multitudinem illorum hominum atque virtutem, et quod cives romani, viri fortes, ac strenui, et honesti permulti in illo oppido, conjunctissimo animo cum ipsis Agrigentinis vivunt ac negotiantur) non audebat palam tollere aut poscere quæ placebant.

99. Herculis templum est apud Agrigentinos, non longe a foro, sane sanctum apud illos et religiosum : ibi est ex ære simulacrum ipsius Herculis, quo non facile quidquam dixerim me vidisse pulchrius (tametsi non tam multum in istis rebus intelligo, quam multa vidi) : usque eo, judices, ut rictum ejus ac mentum paulo sit attritius, quod in precibus et gratulationibus non solum id venerari, verum etiam osculari solent. Ad hoc templum, quum esset iste Agrigenti, duce Timarchide, repente, nocte intempesta, servorum armatorum fit concursus atque impetus. Clamor a vigilibus fanique custo-

de la faire abattre, parce qu'il avait la direction de ce lieu. Mais c'est peut-être nous qui avançons ce fait : non, ce Démocrite est ici présent. Il dépose que Verrès promit aux députés, depuis qu'ils sont à Rome, de leur rendre cette statue s'ils voulaient taire cet article, et lui garantir qu'ils n'en parleraient point en justice. Zosippe et Hisménias, hommes distingués, et les premiers citoyens de Tyndare, ont parlé de même en votre présence.

XLIII. De plus, la ville d'Agrigente ne vous a-t-elle point vu enlever du temple d'Esculape, ce temple si saint et si révéré, un autre monument du vainqueur de Carthage, cette admirable statue d'Apollon, qui portait sur la cuisse le nom de Myron, sculpteur, inscrit en petits caractères d'argent? A la nouvelle de cet enlèvement, fait en secret et par le ministère d'une troupe de scélérats à qui il avait confié la conduite et l'exécution de ce dessein criminel, toute la ville fut en mouvement. Les Agrigentins réclamaient en même temps le bienfait du grand Scipion, l'objet de leur culte, l'ornement de leur ville, l'indice de notre victoire, et le gage de leur alliance avec nous. Les premiers magistrats de la ville donnèrent ordre aux édiles et aux questeurs de faire la garde pendant la nuit auprès des temples. Verrès n'osait pas faire un coup d'éclat à Agrigente, craignant, sans doute, le nombre et le courage des Agrigentins, et l'intervention de plusieurs citoyens romains, gens honnêtes et pleins de bravoure, qui vivent très-unis avec les habitants, et trafiquent dans la ville : il n'osait même pas demander ce qui lui plaisait.

99. Il y a dans cette même ville, assez près de la place, un temple d'Hercule, très-fréquenté, et célèbre par la dévotion des habitants. La statue du dieu est de bronze ; et je ne crois pas avoir rien vu de plus beau, quoique je ne sois pas aussi connaisseur en fait de tels objets que j'ai été à même d'en voir. Leur respect pour cette statue était tel, juges, que sa bouche et son menton sont un peu usés, parce que dans leurs prières et leurs dévotions, ils ont coutume non-seulement de l'adorer, mais encore de la baiser. Or, pendant le séjour de Verrès dans Agrigente, Timarchide, à la tête d'une troupe d'esclaves armés, marche vers ce temple, à la faveur des ténèbres de la nuit, et veut en forcer l'entrée. Les sentinelles et les

dibus tollitur; qui primo quum obsistere ac defendere conarentur, male mulctati, clavis ac fustibus repelluntur : postea convulsis repagulis, effractisque valvis, demoliri signum ac vectibus labefactare conantur. Interea ex clamore fama tota urbe percrebuit, expugnari deos patrios, non hostium adventu nec opinato, neque repentino prædonum impetu, sed ex domo atque cohorte prætoria, manum fugitivorum instructam armatamque venisse.

100. Nemo Agrigenti, neque ætate tam affecta, neque viribus tam infirmis fuit, qui non illa nocte, eo nuntio excitatus surrexerit, telumque, quod cuique sors offerebat, arripuerit. Itaque brevi tempore ad fanum ex urbe tota concurritur. Hora amplius jam in demoliendo signo permulti homines moliebantur; illud interea nulla labebat ex parte; quum alii vectibus subjectis conarentur commovere, alii deligatum omnibus membris rapere ad se funibus. Repente Agrigentini concurrunt : fit magna lapidatio : dant sese in fugam istius præclari imperatoris nocturni milites : duo tamen sigilla perparvula tollunt, ne omnino inanes ad istum prædonem religionum reverterentur. Nunquam tam male est Siculis, quin aliquid facete et commode dicant, velut in hac re : aiebant in labores Herculis non minus hunc immanissimum verrem, quam illum aprum erymanthium, referri oportere.

XLIV. Hanc virtutem Agrigentinorum imitati sunt Assorini postea, viri fortes et fideles, sed nequaquam ex tam ampla neque tam ex nobili civitate. Chrysas est amnis, qui per Assorinorum agros fluit. Is apud illos habetur deus, et religione maxima colitur : fanum ejus est in agro propter ipsam viam qua Assoro itur Ennam; in eo Chrysæ est simulacrum, præclare factum e marmore; id iste poscere Assorinos propter singularem ejus fani religionem non ausus est. Tlepolemo dat Hieronique negotium : illi noctu, facta manu armataque, veniunt : fores ædis effringunt : æditui custodesque mature sentiunt : signum quod erat notum vicinitati, buccina datur:

gardiens du temple crient et appellent au secours : ils résistent d'abord, mais on les repousse à coups de bâtons et de massues. Les esclaves brisent les portes, arrachent les barres, ébranlent avec des leviers la statue pour l'ôter de sa place. Cependant les cris des sentinelles ont été entendus de toute la ville ; le bruit se répand que les dieux de la patrie sont attaqués, non par des ennemis ou par des pirates brusquement descendus pour surprendre les habitants, mais par une troupe de fugitifs armés dans la maison du préteur, et servant dans sa cohorte.

100. Il n'y eut personne dans Agrigente, quelque vieux, quelque infirme qu'il fût, qui, au bruit de cette nouvelle, ne se levât aussitôt, et ne prît pour arme ce que le hasard lui mit sous la main ; la ville se rassembla en peu de temps auprès du temple. Depuis plus d'une heure, les ouvriers travaillaient à déplacer cette statue ; cependant elle ne s'ébranlait d'aucun côté, quoique les uns s'efforçassent de la soulever avec des leviers, tandis que d'autres la tiraient avec des cordes dont ils l'avaient liée. A l'arrivée des Agrigentins, une grêle de pierres tombe sur les ouvriers ; et les soldats que ce brave capitaine faisait agir dans les ténèbres prennent la fuite. Cependant ils emportent deux statuettes pour ne pas retourner les mains vides vers ce ravisseur des choses saintes. Les plus grands malheurs eux-mêmes fournissent toujours aux Siciliens matière à quelque plaisanterie : au sujet de ce dernier enlèvement, ils disaient que la défaite de ce formidable pourceau méritait, autant que la mort du sanglier d'Érymanthe, d'être comptée au nombre des travaux d'Hercule.

XLIV. Cet acte de vigueur fut imité quelque temps après par les Assoriniens, peuple brave et fidèle, quoique leur ville ne soit pas à beaucoup près aussi considérable que celle d'Agrigente. Le fleuve Chrysas, qui coule sur les terres d'Assore, passe chez eux pour un dieu, et il est le principal objet de leur culte. Son temple est dans la campagne, près du chemin qui conduit d'Assore à Enna. On y voit la statue du dieu, taillée en marbre avec beaucoup d'art. Verrès, à cause du grand respect qu'on a pour ce temple, n'osa la demander aux Assoriniens ; mais il chargea Hiéron et Tlépolème de l'enlever. Ceux-ci vont au temple pendant la nuit, à la tête d'une troupe bien armée ; ils enfoncent les portes. Les gardiens et les sentinelles s'aperçoivent bientôt de ce qui se passe ; la trompette donne le signal qui était

homines ex agris concurrunt; ejicitur fugaturque Tlepolemus; neque quidquam ex fano Chrysæ, præter unum perparvulum signum ex ære, desideratum est.

102. Matris magnæ fanum apud Enguinos est : jam enim mihi non modo breviter de unoquoque dicendum, sed etiam prætereunda videntur esse permulta, ut ad majora istius et illustriora in hoc genere furta et scelera veniamus. In hoc fano loricas galeasque æneas, cælatas opere corinthio, hydriasque grandes, simili in genere atque eadem arte perfectas, idem ille P. Scipio, vir omnibus rebus præcellentissimus, posuerat, et suum nomen inscripserat. Quid jam de isto plura dicam aut querar ? omnia illa, judices, abstulit : nihil in religiosissimo fano, præter vestigia violatæ religionis, nomenque P. Scipionis, reliquit : hostium spolia, monumenta imperatorum, decora atque ornamenta fanorum posthac, his præclaris nominibus amissis, in instrumento ac supellectili C. Verris numerabuntur.

103. Tu videlicet solus vasis corinthiis delectaris ? tu illius æris temperationem, tu operum lineamenta solertissime perspicis ? hæc Scipio ille non intelligebat, homo doctissimus atque humanissimus ? tu sine ulla bona arte, sine humanitate, sine ingenio, sine litteris, intelligis et judicas ? vide ne ille non solum temperantia, sed etiam intelligentia te, atque istos qui se elegantes dici volunt, vicerit : nam quia quam pulchra essent intelligebat, idcirco existimabat ea non ad hominum luxuriem, sed ad ornatum fanorum atque oppidorum esse facta, ut posteris nostris monumenta religiosa esse videantur.

XLV. Audite etiam singularem ejus, judices, cupiditatem, audaciam, amentiam, in his præsertim sacris polluendis, quæ non modo manibus attingi, sed ne cogitatione quidem violari fas fuit. Sacrarium Cereris est apud Catinenses, eadem religione qua Romæ, qua in ceteris locis, qua prope in toto orbe terrarum. In eo sacrario intimo fuit signum Cereris perantiquum, quod

connu de tous les environs. Les habitants de la campagne accourent; Tlépolème est repoussé, et rien ne fut emporté du temple qu'une petite statue de bronze.

102. Il y a dans la ville d'Enguie un temple consacré à la mère des dieux. Non-seulement je crois devoir ne dire qu'un mot de chaque article, mais encore en supprimer plusieurs, pour parler des vols et des crimes plus considérables que Verrès a commis en ce genre. Dans ce temple se voyaient des cuirasses et des casques de bronze travaillés à Corinthe, de grandes urnes de même espèce, et faites avec la même perfection; c'était le même Scipion, cet homme si supérieur en tout, qui les avait placés et y avait fait graver son nom. Pourquoi vous parler et me plaindre davantage de Verrès? il prit tout, enleva tout, ne laissa dans le temple que les traces de son sacrilége, et le glorieux souvenir de Scipion. Ainsi les dépouilles des ennemis, les monuments des généraux, les ornements des temples, vont désormais perdre ces beaux titres, et faire partie du mobilier de Verrès.

103. Vous êtes donc le seul qui soyez curieux de ces vases de Corinthe? vous seul connaissez bien le juste mélange de ces métaux et la délicatesse du burin? Scipion, cet homme universel et d'un goût si exquis, ne s'y connaissait donc pas? Et vous, Verrès, sans principes, sans talents, sans génie, sans études, vous voyez tout le mérite de ces ouvrages, vous savez les apprécier. Je crois cependant que Scipion, je ne dis pas seulement par sa modération, mais aussi par son intelligence, l'emportait sur vous et sur ceux qui se vantent d'être connaisseurs en cette partie. C'est parce qu'il connaissait la beauté de ces ouvrages, qu'il ne les croyait pas faits pour le luxe des particuliers, mais pour la décoration des villes et des temples, afin que la postérité les regardât comme les monuments de notre respect pour les dieux.

XLV. Écoutez encore, juges, un trait singulier de sa cupidité, de son audace, de son extravagance dans la profanation des choses saintes, dont la religion nous ordonne d'éloigner non-seulement nos mains, mais encore nos désirs et nos pensées. Il y a dans Catane une chapelle de Cérès, où elle est honorée avec le même respect qu'elle l'est à Rome, dans les autres lieux et dans presque tout l'univers. Dans le sanctuaire de cette chapelle, était une statue très-ancienne

viri, non modo cujusmodi esset, sed ne esse quidem
sciebant; aditus enim in id sacrarium non est viris :
sacra per mulieres ac virgines confici solent. Hoc signum
noctu clam istius servi ex illo religiosissimo atque an-
tiquissimo fano sustulerunt : postridie sacerdotes Cereris, atque illius fani antistitæ, majores natu, probatæ
ac nobiles mulieres, rem ad magistratus suos deferunt :
omnibus acerbum, indignum, luctuosum denique videbatur.

105. Tum iste, permotus illa atrocitate negotii, ut
ab se sceleris istius suspicio removeretur, dat hospiti
suo cuidam negotium, ut aliquem reperiret, quem ea
fecisse insimularet; daretque operam ut is eo crimin
damnaretur, ne ipse esset in crimine. Res non pro-
crastinatur : nam quum iste Catina profectus esset,
servi cujusdam nomen defertur : is accusatur : ficti testes in eum dantur : rem cunctus senatus Catinensium
legibus judicat : sacerdotes vocantur : ex his quæritur
secreto, in curia, quid esse factum arbitrarentur, quemadmodum signum esset ablatum : respondent illæ, prætoris in eo loco servos esse visos : res, quæ esset jam
antea non obscura, sacerdotum testimonio perspicua esse
cœpit : itur in consilium ; servus ille innocens omnibus
sententiis absolvitur, quo facilius vos hunc omnibus sententiis condemnare possetis.

106. Quid enim postulas, Verres? quid speras? quid
spectas? quem tibi aut deorum, aut hominum auxilio
putas futurum? Eone tu servos ad spoliandum fanum
immittere ausus es, quo liberos adire, ne orandi quidem
causa, fas erat? hisne rebus manus afferre non dubitasti, a quibus etiam oculos cohibere te religionum jura
cogebant? tametsi ne oculis quidem captus in hanc frau-
dem tam sceleratam ac tam nefariam decidisti ; nam id
concupisti, quod nunquam videras; id, inquam, ad-
amasti, quod antea non adspexeras : auribus tu tantam
cupiditatem concepisti, ut eam non metus, non religio,
non deorum vis, non hominum existimatio contineret.

107. At ex viro bono audieras, credo, et bono au-
ctore. Qui id potes, qui ne ex viro quidem audire potue-

de la déesse; les hommes ne l'avaient jamais vue; ils ignoraient même qu'elle existât : car l'entrée de cette chapelle leur est interdite, et il est d'usage que les sacrifices ne s'y fassent que par les femmes et les jeunes filles. Les esclaves de Verrès enlèvent secrètement, pendant la nuit, cette statue de ce temple si saint et si ancien. Le lendemain, les jeunes et les anciennes prêtresses de ce temple, femmes vertueuses et de qualité, dénoncent aux magistrats ce sacrilége. Il parut à tout le monde affligeant, indigne, déplorable.

105. Alors Verrès, frappé des conséquences de ce crime, et voulant empêcher que les soupçons ne tombent sur lui, charge son hôte de lui trouver quelqu'un qu'il puisse accuser et faire condamner comme coupable, pour paraître lui-même innocent. On exécute cet ordre sans délai. A peine est-il parti de Catane, qu'on dénonce un esclave : on l'accuse, on produit de faux témoins : tout le sénat procède selon les lois du pays. Les prêtresses sont mandées; on les interroge en particulier sur ce qui s'est passé, et sur la manière dont la statue a été enlevée : elles répondent qu'on a vu dans le temple les esclaves du préteur. L'affaire, qui déjà n'était pas obscure, devint évidente par le témoignage des prêtresses. On en vient aux opinions, et l'esclave innocent est absous d'une voix unanime, sans doute afin que vous puissiez plus aisément condamner ce coupable avec la même unanimité.

106. Que demandez-vous, Verrès ? qu'espérez-vous? qu'attendez-vous ? quel est le dieu, quel est le mortel de qui vous puissiez vous promettre une protection efficace? Quoi ! vous envoyez des esclaves pour piller un temple où les hommes libres n'ont pas même la permission d'entrer pour prier ? Téméraire! vous avez porté la main sur des choses que la religion vous défendait même de regarder? Ce n'est pourtant pas parce que vos yeux ont été éblouis, que vous êtes tombé dans une impiété si criminelle et si détestable; car vous avez désiré ce que vous n'aviez jamais vu ; vous avez voulu posséder ce qui n'avait jamais frappé vos regards. C'est sur des on dit que vous avez conçu une si violente passion, que ni la crainte, ni la religion, ni la puissance des dieux, ni les jugements des hommes n'ont pu la retenir.

107. Mais un homme connaisseur sans doute et bien instruit vous avait parlé de cette statue. Comment pouvez-vous le dire, puisque jamais aucun homme n'a pu vous en in-

ris? Audisti igitur ex muliere ; quoniam id viri neque vidisse neque nosse poterant. Qualem porro illam feminam fuisse putatis, judices? quam pudicam, quæ cum Verre loqueretur ; quam religiosam, quæ sacrarii spoliandi ostenderet rationem? At minime mirum, quæ sacra per summam castimoniam virginum ac mulierum fiant, eadem per istius stuprum ac flagitium esse violata.

XLVI. Quid ergo? hoc solum auditione expetere cœpit, quum id ipse non vidisset? Imo vero alia complura ; ex quibus eligam spoliationem nobilissimi atque antiquissimi fani, de qua priore actione testes dicere audistis ; nunc eadem illa, quæso, audite, et diligenter, sicut adhuc fecistis, attendite.

109. Insula est Melita, judices, satis lato a Sicilia mari, periculosoque disjuncta ; in qua est eodem nomine oppidum, quo iste nunquam accessit ; quod tamen isti textrinum per triennium ad muliebrem vestem conficiendam fuit. Ab eo oppido non longe, in promontorio, fanum est Junonis antiquum ; quod tanta religione semper fuit, ut non modo illo punicis bellis, quæ in his fere locis navali copia gesta atque versata sunt, sed etiam in hac prædonum multitudine semper inviolatum sanctumque fuerit. Quin etiam hoc memoriæ proditum est, classe quondam Massinissæ regis ad eum locum appulsa, præfectum regium dentes eburneos, incredibili magnitudine, e fano sustulisse, et eos in Africam portasse, Massinissæque donasse ; regem quidem primo delectatum esse munere : post, ubi audisset unde essent, statim certos homines in quinqueremi misisse, qui eos dentes reportarent : itaque in his inscriptum litteris punicis fuit : *Regem Massinissam imprudentem accepisse: re cognita, reponendos restituendosque curasse.* Erat præterea magna vis eboris, multa ornamenta, in quibus eburneæ Victoriæ, antiquo opere, ac summa arte perfectæ. Hæc iste omnia, ne multis morer, uno impetu atque uno nuntio per servos venerios, quos ejus rei causa miserat, tollenda atque asportanda curavit.

struire? Vous l'aviez donc appris par une femme, puisque les hommes n'ont jamais vu, n'ont jamais connu l'intérieur de ce lieu saint? Que pensez-vous, juges, de cette femme? quelle idée vous formez-vous de sa vertu et de sa religion, quand elle parle à Verrès, quand elle lui indique les moyens de voler le temple de la déesse? Mais faut-il être surpris que des mystères auxquels des hommes et des femmes d'une éminente chasteté président, aient été profanés par les débauches et les dissolutions de Verrès?

XLVI. Est-ce donc la seule chose qu'il ait convoitée pour en avoir seulement entendu parler, et sans l'avoir vue par lui-même? Non, et entre plusieurs autres exemples, apprenez comment il pilla un temple très-ancien et fort célèbre. Dans la première action, vous avez entendu les témoins qui ont déposé sur ce fait : je vais vous répéter ce qu'ils vous ont dit. Continuez, je vous prie, de me donner la même attention que vous m'avez accordée jusqu'ici.

109. L'île de Malte est séparée de la Sicile par un bras de mer assez large, et dont le trajet est très-périlleux. Il y a dans cette île une ville de même nom, où Verrès n'a jamais mis le pied, quoique pendant trois ans elle ait été pleine d'ouvriers occupés à lui faire des habillements de femmes. Assez près de cette ville est un ancien temple de Junon, bâti sur un promontoire. Il a toujours été si respecté, que non-seulement durant les guerres puniques, que les armées navales ont presque terminées sur ces côtes, mais encore malgré cette multitude de pirates, il est resté inviolable et sans atteinte. Bien plus, la tradition rapporte qu'une armée navale de Massinissa ayant abordé aux environs de ce temple, l'amiral y enleva des dents d'ivoire d'une grandeur prodigieuse, les porta en Afrique, et en fit présent au roi. Ce prince fut d'abord charmé du présent ; mais, ayant appris d'où ces dents avaient été enlevées, il fit aussitôt partir des hommes affidés dans une galère à cinq rangs, pour les reporter, avec cette inscription, qu'il fit mettre dessus en caractères puniques : *Massinissa avait accepté ces dents, parce qu'il ne savait pas où elles avaient été prises ; mais ayant su la vérité, il eut soin de les faire remettre et restituer.* Il y avait de plus dans le même temple beaucoup d'ivoire, un grand nombre d'images de la Victoire faites de la même matière, chefs-d'œuvre des anciens maîtres. En un mot, Verrès, d'un seul coup de main, les enleva et les fit transporter chez lui par des esclaves de Vénus, qu'il avait envoyés pour exécuter ce dessein.

XLVII. Proh dii immortales! quem ego hominem accuso? quem legibus ac judiciali jure persequor? de quo vos sententiam per tabellam feretis? Dicunt legati melitenses publice, spoliatum templum esse Junonis; nihil istum in religiosissimo fano reliquisse : quem in locum classes hostium sæpe accesserint, ubi piratæ fere quotannis hiemare soleant; quod neque prædo violarit antea, neque unquam hostis attigerit, id ab uno isto sic spoliatum esse, ut nihil omnino sit relictum. Hic nunc, aut iste reus, aut ego accusator, aut hoc judicium appellabitur? criminibus enim coarguitur, haud suspicionibus in judicium vocatur : dii ablati, fana vexata, nudatæ urbes reperiuntur; earum autem rerum nullam sibi iste, neque inficiandi rationem, neque defendendi facultatem reliquit, : omnibus in rebus coarguitur a me, convincitur a testibus, urgetur confessione sua, manifestis in maleficiis tenetur: et manet etiam, ac tacitus facta mecum sua recognoscit.

111. Nimium mihi diu videor in uno genere versari criminum. Sentio, judices, occurrendum esse satietati aurium animorumque vestrorum. Quam ob rem multa prætermittam : ad ea autem, quæ dicturus sum, reficite vos, quæso, judices, per deos immortales! per eos ipsos, de quorum religione jamdiu dicimus, dum ejus facinus commemoro et profero, quo provincia tota commota est : de quo si paulo altius ordiri, ac repetere memoriam religionis videbor, ignoscite. Rei magnitudo me breviter perstringere atrocitatem criminis non sinit.

XLVIII. DECIMA NARRATIO. *De Cerere.* Vetus est hæc opinio, judices, quæ constat ex antiquissimis Græcorum litteris atque monumentis, insulam Siciliam totam esse Cereri et Liberæ consecratam : hoc quum ceteræ gentes sic arbitrabantur, tum ipsis Siculis tam persuasum est, ut animis eorum insitum atque innatum esse videatur; nam et natas esse his in locis deas, et fruges in terra primum repertas arbitrabantur : et raptam esse Liberam, quam eamdem Proserpinam vocant, ex Ennensium nemore; qui locus, quod in media est insula situs, umbi

XLVII. Grands dieux! de quel homme suis-je ici l'accusateur? quel est ce monstre dont, en vertu des lois, je poursuis le châtiment? quel est celui que vous allez juger? Les députés de l'île de Malte disent hautement qu'il a dépouillé le temple de Junon, cette chapelle si respectable; que ce lieu où les flottes ennemies ont souvent abordé, où les pirates ont coutume de séjourner presque tous les hivers, sans que ni les uns ni les autres y aient jamais touché, a été pillé par Verrès, au point qu'il n'y est absolument rien resté. Verrès n'est-il maintenant qu'un accusé? Suis-je, à proprement parler, un accusateur? Son affaire est-elle un cas litigieux, puisque les accusations le convainquent, et que ce n'est pas sur de simples soupçons qu'il est cité en justice? Les dieux ont été enlevés, les temples profanés, les villes dépouillées. Il ne s'est laissé ni le moyen de nier ces faits, ni la liberté de se justifier. Je démontre tous mes chefs d'accusation; il est convaincu par les témoins; il est pressé par son propre aveu; il est enchaîné par des crimes évidents; cependant il est là, et, sans ouvrir la bouche, il compte avec moi ses forfaits.

111. C'est trop longtemps s'arrêter à une seule espèce de crime. Je sens, juges, que je dois prévenir le dégoût et l'ennui par la suppression de plusieurs faits. Redoublez d'attention pour ce que je vais dire: je vous le demande au nom des dieux immortels, de ces dieux dont la religion fait depuis longtemps l'objet de ce discours: je vais vous rappeler et vous exposer une action qui a soulevé toute la province. Si je remonte à la source de la religion des Siciliens, si j'examine la tradition sur laquelle elle est fondée, vous me le pardonnerez. L'importance du sujet ne me permet pas de resserrer en si peu de mots une action si détestable.

XLVIII. C'est une ancienne opinion fondée sur les histoires et les monuments les plus antiques de la Grèce, que toute la Sicile est consacrée à Cérès et à Proserpine. Ce sentiment, reçu chez tous les autres peuples, est si accrédité chez les Siciliens, qu'il semble être naturellement imprimé dans leurs esprits. Ils croient que ces deux déesses sont nées dans leur île, qu'on y a trouvé les premiers fruits de la terre; que Libéra, qu'ils nomment aussi Proserpine, fut enlevée dans les bois d'Enna (ce lieu est appelé le cœur de

licus Siciliæ nominatur; quam quum investigare et conquirere Ceres vellet, dicitur inflammasse tædas iis ignibus, qui ex Ætnæ vertice erumpunt, quas sibi quum ipsa præferret, orbem omnium peragrasse terrarum.

113. Enna autem, ubi ea, quæ dico, gesta esse memorantur, est loco præcelso atque edito; quo in summo est æquata agri planities, et aquæ perennes, tota vero ab omni aditu circumcisa atque dirempta est : quam circa lacus lucique sunt plurimi, et lætissimi flores omni tempore anni; locus ut ipse raptum illum virginis, quem jam a pueris accepimus, declarare videatur. Etenim propter est spelunca quædam conversa ad Aquilonem, infinita altitudine, qua Ditem patrem ferunt repente cum curru exstitisse, abreptamque ex eo loco virginem secum asportasse, et subito non longe a Syracusis penetrasse sub terras; lacumque in eo loco repente exstitisse, ubi usque ad hoc tempus Syracusani festos dies anniversarios agunt, celeberrimo virorum mulierumque conventu.

XLIX. Propter hujus opinionis vetustatem, quod eorum in his locis vestigia ac prope incunabula reperiuntur deorum, mira quædam tota Sicilia privatim ac publice religio est Cereris ennensis. Etenim multa sæpe prodigia vim ejus numenque declarant; multis sæpe in difficillimis rebus præsens auxilium ejus oblatum est : ut hæc insula ab ea non solum diligi, sed etiam incoli custodirique videatur.

115. Nec solum Siculi, verum etiam ceteræ gentes nationesque ennensem Cererem maxime colunt. Etenim si Atheniensium sacra summa cupiditate expetuntur, ad quos Ceres in illo errore venisse dicitur, frugesque attulisse, quantam esse religionem convenit eorum apud quos eam natam esse et fruges invenisse constat? Itaque apud patres nostros, atroci ac difficili reipublicæ tempore, quum, Tib. Graccho occiso, magnorum periculorum metus ex ostentis portenderetur, P. Mucio, L. Calpurnio consulibus, aditum est ad libros sibyllinos, in quibus inventum est Cererem antiquissimam placari oportere. Tum ex amplissimo collegio decemvirali sa-

la Sicile, parce qu'il en est le centre et le milieu); que Cérès, voulant chercher sa fille, alluma des torches au volcan du mont Etna, et qu'elle parcourut l'univers portant devant elle ces flambeaux allumés.

113. La ville d'Enna, où s'est passé, dit-on, tout ce que je viens de raconter, est sur une hauteur, dont le sommet est une plaine arrosée de sources vives; du reste, ce n'est qu'un rocher escarpé et comme inaccessible. Cette ville est environnée de lacs et de bois sacrés, et l'on y voit en tout temps les fleurs les plus agréables. Tout dans ce lieu paraît attester ce fameux enlèvement dont on a eu soin de nous faire le récit dans notre enfance. On voit auprès une caverne très-profonde, dont l'ouverture est du côté du nord. C'est là, dit-on, que Pluton parut subitement sur son char, et qu'ayant enlevé la déesse, il la conduisit jusqu'auprès de Syracuse, où la terre ouvrit son sein pour la recevoir; on ajoute que dans ce moment il se forma un lac dans ce même lieu, où tous les Syracusains célèbrent encore aujourd'hui des fêtes anniversaires au milieu d'un concours extraordinaire de personnes des deux sexes.

XLIX. L'ancienneté de cette opinion et la célébrité de ces lieux, où l'on reconnaît encore les traces de ces divinités, et pour ainsi dire leur berceau, ont inspiré aux villes et aux particuliers de la Sicile une dévotion singulière pour la Cérès d'Enna. Sa puissance est attestée par des prodiges multipliés. Dans les circonstances les plus critiques, elle s'est si bien montrée la déesse tutélaire de la Sicile, qu'elle paraît non-seulement aimer cette île, mais encore l'habiter et la défendre spécialement.

115. Ce ne sont pas les Siciliens seuls, ce sont aussi les autres peuples et les autres nations qui honorent infiniment la Cérès d'Enna. En effet, si l'on marque le plus vif empressement pour les fêtes des Athéniens, chez lesquels on dit que Cérès aborda en cherchant sa fille, et à qui elle apporta les fruits de la terre, quel respect doivent avoir pour elle ceux chez qui il est prouvé qu'elle a pris naissance, et trouvé l'art et l'usage des moissons? Aussi, du temps de nos pères, dans ces jours de trouble et d'orage, lorsqu'après le châtiment de Tibérius Gracchus, mille prodiges menaçaient l'état de grands périls, on alla consulter les livres des sibylles sous le consulat de P. Mucius et de L. Calpurnius; on y trouva qu'il fallait fléchir l'ancienne Cérès. On choisit aussitôt des prêtres dans l'auguste collège des décemvirs,

cerdotes populi romani, quum esset in urbe nostra Cereris pulcherrimum et magnificentissimum templum, tamen usque Ennam profecti sunt : tanta enim erat auctoritas et vetustas illius religionis, ut, quum illuc irent, non ad ædem Cereris, sed ad ipsam Cererem proficisci viderentur.

116. Non obtundam diutius : etenim jamdudum vereor ne oratio mea aliena ab judiciorum ratione et quotidiana dicendi consuetudine esse videatur : hoc dico, hanc ipsam Cererem, antiquissimam, religiosissimam, principem omnium sacrorum quæ apud omnes gentes nationesque fiunt, a C. Verre ex suis templis ac sedibus esse sublatam. Qui accessistis Ennam, vidistis simulacrum Cereris e marmore, et in altero templo, Liberæ : sunt ea perampla atque præclara, sed non ita antiqua. Ex ære fuit quoddam modica amplitudine ac singulari opere, cum facibus, perantiquum, omnium illorum quæ sunt in eo fano multo antiquissimum : id sustulit, ac tamen eo contentus non fuit. Ante ædem Cereris, in aperto ac propatulo loco, signa duo, Cereris unum, alterum Triptolemi, et pulcherrima et perampla : his pulchritudo periculo, amplitudo saluti fuit ; quod eorum demolitio atque asportatio perdifficilis videbatur : insistebat in manu Cereris dextra simulacrum pulcherrime factum Victoriæ : hoc iste e signo Cereris avellendum asportandumque curavit.

L. Qui tandem istius animus est nunc in recognitione scelerum suorum, quum ego ipse in commemoratione eorum non solum animo commovear, verum etiam corpore perhorrescam ? venit enim mihi fani, loci, religionis illius in mentem : versantur ante oculos omnia : dies ille, quo ego Ennam quum venissem, præsto mihi sacerdotes Cereris cum infulis ac verbenis fuerunt ; concio conventusque civium : in quo ego quum loquerer, tanti fletus gemitusque fiebant, ut acerbissimus tota urbe luctus versari videretur.

11. Non illi decumarum imperia, non bonorum direptiones, non iniqua judicia, non importunissimas istius libidines, non vim, non contumelias, quibus operti op-

et quoique cette déesse eût un temple magnifique à Rome, on les fit partir pour Enna; car, telles étaient l'ancienneté et l'authenticité du culte qu'on y rendait à la déesse, qu'en partant pour ce saint lieu, on croyait l'aller visiter elle-même plutôt que son temple.

116. Je ne vous fatiguerai pas plus longtemps, je crains déjà de m'être écarté du style oratoire et de la forme judiciaire; je me contente de vous dire que c'est cette même Cérès si ancienne, si respectée, l'objet principal de l'adoration de tous les peuples de l'univers, que Verrès a enlevée de son temple et de ses autels. Vous qui avez vu Enna, vous avez remarqué dans deux temples différents deux statues de marbre, l'une de Cérès, l'autre de Proserpine, toutes les deux également grandes et belles, et entre lesquelles l'ancienneté seule mettait quelque différence. Vous y en avez vu une autre de cuivre d'une grandeur médiocre, mais d'une beauté parfaite, qui représentait Cérès tenant des flambeaux à la main, et qui portait les preuves d'une antiquité supérieure à celle de toutes les autres statues de ce temple : Verrès enleva celle-ci, et néanmoins il parut peu content de cette prise. Vis-à-vis de la porte du temple, dans une vaste place, sont deux grandes et magnifiques statues, l'une de Cérès, l'autre de Triptolème : leur beauté les mit en danger d'être enlevées, mais leur grandeur, jointe à la difficulté de les descendre et de les emporter, les sauva de ce péril. Cérès tenait de la main droite une très-belle image de la Victoire; le préteur la fit enlever et porter chez lui.

L. Que se passe-t-il maintenant au dedans de lui-même, en considérant ce tissu de crimes, puisque moi-même je ne les expose qu'avec un sentiment d'horreur et en frissonnant de tous les membres? Toutes les circonstances se présentent à la fois; je vois d'un même coup-d'œil ce temple, ce lieu et ce culte. Je me rappelle ce jour où, arrivant à Enna, je fus accueilli par les prêtres de Cérès, ceints de bandelettes et de couronnes de verveine, suivis d'une multitude de citoyens. Tandis que je parlais à cette assemblée, ce n'étaient que pleurs et gémissements, de sorte que toute la ville paraissait plongée dans la douleur la plus amère.

118. Ce ne fut ni des impôts, ni du pillage de leurs biens, ni des jugements iniques, ni des passions infâmes de Verrès, ni des violences et des outrages dont il les avait

pressique erant, conquerebantur : Cereris numen, sacrorum vetustatem, fani religionem, istius sceleratissimi atque audacissimi supplicio expiari volebant : omnia se cetera pati ac negligere dicebant. Hic dolor erat tantus, ut Verres, alter Orcus, venisse Ennam, et non Proserpinam asportasse, sed ipsam abripuisse Cererem videretur. Etenim urbs illa non urbs videtur, sed fanum Cereris esse : habitare apud sese Cererem Ennenses arbitrantur; ut mihi non cives illius civitatis, sed omnes sacerdotes, omnes accolæ atque antistites Cereris esse videantur.

119. Ennæ tu simulacrum Cereris tollere audebas ? Ennæ tu de manu Cereris Victoriam deripere, et deam deæ detrahere conatus es ? quorum nihil violare, nihil attingere ausi sunt, in quibus erant omnia quæ sceleri propiora sunt quam religioni : tenuerunt enim, P. Popilio, P. Rupilio consulibus, illum locum servi, fugitivi, barbari, hostes : sed neque tam servi illi dominorum, quam tu libidinum : neque tam fugitivi illi a dominis, quam tu a jure et a legibus : neque tam barbari lingua et natione illi, quam tu natura et moribus : neque illi tam hostes hominibus, quam tu diis immortalibus. Quæ deprecatio est igitur ei reliqua, qui indignitate servos, temeritate fugitivos, scelere barbaros, crudelitate hostes vicerit ?

LI. Audisti Theodorum, et Numinium, et Nicasionem, legatos ennenses, publice dicere, sese a suis civibus hæc habere mandata, ut ad Verrem adirent, et eum simulacrum Cereris et Victoriæ reposcerent ; id si impetrassent, tum ut morem veterem Ennensium conservarent, publice in eum, tametsi vexasset Siciliam, tamen, quoniam hæc majoribus constituta accepissent, testimonium ne quod dicerent : sin autem ea non reddidisset, tum ut judicio adessent, tum uti de ejus injuriis judices docerent, sed multo maxime de religione quererentur : quas illorum querimonias nolite, per deos immortales, aspernari ; nolite contemnere ac negligere, judices ;

couverts et accablés, qu'ils se plaignirent : que la divinité de Cérès, l'ancienneté de son culte, la sainteté de son temple fussent vengées par le supplice de cet homme aussi impie qu'audacieux, c'était tout ce qu'ils voulaient ; et ils disaient que pour tout le reste, ils le souffraient et n'en demandaient pas la punition. Leur douleur était si vive, que Verrès leur paraissait un autre Pluton qui était venu à Enna pour enlever, non pas Proserpine, mais Cérès elle-même. En effet, Enna paraît moins une ville que tout un temple de la déesse, ses habitants croient qu'elle réside au milieu d'eux; aussi me semblent-ils moins les citoyens d'Enna que les prêtres, les concitoyens et les pontifes de Cérès.

119. Et vous avez osé dérober cette statue? Vous avez eu la témérité d'arracher des mains de Cérès l'image de la Victoire, et une déesse d'entre les bras d'une autre déesse? Vous n'avez point respecté ce que n'ont osé ni profaner, ni même toucher des gens plus portés en tout au crime qu'à la religion? En effet, sous le consulat de P. Popilius et de P. Rupilius, cette place fut occupée par des esclaves fugitifs, des barbares, des ennemis; mais ils n'étaient pas si esclaves de leurs maîtres que vous l'êtes de vos passions; ils ne fuyaient pas tant leurs maîtres que vous fuyez l'équité et les lois : ils étaient moins barbares par leur langue et leur patrie, que vous par votre caractère et par vos mœurs; moins ennemis des hommes, que vous ne l'êtes des dieux immortels. Quelle ressource reste-t-il donc à celui qui a fait voir plus d'indignité que les esclaves, plus de témérité que les fugitifs, plus de crimes que les barbares, plus de cruauté que les ennemis les plus furieux?

LI. Vous avez entendu Théodore, Numinius et Nicasion, députés d'Enna, déclarer ouvertement qu'ils avaient ordre de leurs concitoyens de s'adresser d'abord à Verrès, et de lui demander la statue de Cérès et de la Victoire; que s'ils l'obtenaient, alors, pour observer l'ancienne coutume des Ennéens, quoiqu'il eût tant persécuté la Sicile, ils ne rendraient aucun témoignage public contre lui, suivant les maximes qu'ils avaient reçues de leurs pères; mais qu'il leur était enjoint, en cas de refus, de se joindre à ses autres accusateurs, d'instruire les juges de ses crimes, et d'insister particulièrement sur ce qui avait rapport à la religion. Au nom des dieux immortels, ne méprisez pas leurs plaintes, ne les rejetez pas, juges, ne les négligez pas. Il s'agit des

Aguntur injuriæ sociorum ; agitur vis legum : agitur existimatio veritasque judiciorum ; quæ sunt omnia permagna : verum illud maximum ; tanta religione obstricta tota provincia est, tanta superstitio ex istius facto mentes omnium Siculorum occupavit, ut, quæcumque accidant publice vel privatim incommoda, propter eam causam scelere istius evenire videantur.

124. Audistis Centuripinos, Agyrinenses, Catinenses, Herbitenses, Ennenses, complures alios, publice dicere, quæ solitudo esset in agris, quæ vastitas, quæ fuga aratorum, quam deserta, quam inculta, quam relicta omnia. Ea tametsi istius multis et variis injuriis acciderunt, tamen hæc una causa in opinione Siculorum plurimum valet, quod, Cerere violata, omnes cultus fructusque Cereris in his locis interiisse arbitrantur. Medemini religioni sociorum, judices ; conservate vestram : neque enim hæc externa vobis est religio, neque aliena : quod si esset, si suspicere eam nolletis, tamen in eo qui violasset sancire vos velle oporteret. Nunc vero in communi omnium gentium religione, inque his sacris quæ majores nostri ab exteris nationibus adscita atque arcessita coluerunt, quæ sacra, ut erant revera, sic appellari græca voluerunt, negligentes ac dissoluti si cupiamus esse, qui possumus?

LII. UNDECIMA NARRATIO. *De furtis syracusanis.* Unius etiam urbis, omnium pulcherrimæ atque ornatissimæ, Syracusarum direptionem commemorabo et in medium proferam, judices, ut aliquando totam hujus generis orationem concludam ac definiam. Nemo fere vestrum est, quin, quemadmodum captæ sint a M. Marcello Syracusæ, sæpe audierit, nonnunquam etiam in annalibus legerit : conferte hanc pacem cum illo bello ; hujus prætoris adventum, cum illius imperatoris victoria ; hujus cohortem impuram, cum illius exercitu invicto ; hujus libidines, cum illius continentia ; ab illo qui cepit, conditas ; ab hoc qui constitutas accepit, captas dicetis Syracusas.

123. Ac jam illa omitto, quæ disperse a me multis

injures faites à nos alliés; des lois et de leur vigueur; de la réputation et de l'équité de vos jugements : tous ces motifs sont très-puissants; mais voici le plus important. Toute la Sicile est tellement attachée au culte de Cérès, l'attentat de notre préteur a fait une si forte impression sur les esprits, qu'ils attribuent à l'impiété de son action toutes les calamités publiques ou particulières qui leur arrivent.

121. Les députés de Centorbe, d'Agyre, de Catane, d'Herbite, d'Enna, et de plusieurs autres villes, vous ont fait le portrait de l'affreuse solitude de leurs campagnes dévastées, incultes et désertes; tout y est abandonné. L'oppression sous laquelle Verrès faisait gémir la Sicile est la cause de cet état déplorable; cependant les Siciliens sont convaincus que la déesse venge par cette désolation l'insulte faite à sa statue, et que, depuis ce moment, leurs campagnes ont cessé d'être cultivées, leurs moissons ont été détruites. Secourez, juges, la religion de nos alliés, conservez la vôtre; car cette religion ne vous est ni étrangère, ni opposée à votre culte. Quand même elle le serait, quand vous ne voudriez pas l'adopter, il ne serait pas moins de votre devoir de punir le sacrilége qui en a violé la sainteté; mais aujourd'hui qu'il s'agit d'un culte commun à tous les peuples, d'une déesse que nos pères ont été eux-mêmes chercher chez les étrangers, d'un culte qu'ils ont appelé grec, parce qu'en effet, il a pris naissance dans la Grèce, pouvons-nous, quand nous le voudrions, montrer de l'indifférence, et ne pas juger le coupable suivant toute la rigueur des lois?

LII. Je rapporterai encore et je vous exposerai, juges, le pillage de la ville la plus belle et la plus riche de toute la Sicile, je veux dire de Syracuse, et c'est par là que je terminerai et achèverai mon discours. Il n'y a presque personne qui n'ait entendu raconter, et qui n'ait lu dans nos annales, la prise de cette ville par M. Marcellus. Comparez la paix actuelle avec cette guerre; l'arrivée du préteur avec la conquête du général; l'infâme cohorte de l'un avec l'armée victorieuse de l'autre; les excès et les désordres de Verrès avec les mœurs et la sagesse de Marcellus, et vous conviendrez que celui qui a pris Syracuse en est le père, tandis que celui qui l'a reçue pacifiée n'a fait que la piller et la détruire.

123. Je ne rapporterai point ici de suite les faits que j'ai

locis dicentur ac dicta sunt : forum Syracusanorum, quod introitu Marcelli purum cæde servatum est, id adventu Verris Siculorum innocentium sanguine redundasse : portum Syracusanorum, qui tum et nostris classibus, et Carthaginiensium clausus fuisset ; eum, isto prætore, Cilicum myoparoni, prædonibusque patuisse. Mitto adhibitam vim ingenuis, matresfamilias violatas ; quæ tum, urbe capta, commissa non sunt, neque odio hostili, neque licentia militari, neque more belli, neque jure victoriæ : mitto, inquam, hæc omnia, quæ ab isto per triennium perfecta sunt ; ea, quæ conjuncta cum illis rebus sunt, de quibus antea dixi, cognoscite.

124. Urbem Syracusas maximam esse græcarum urbium, pulcherrimamque omnium, sæpe audistis. Est, judices, ita ut dicitur ; nam et situ est quum munito, tum ex omni aditu, vel terra, vel mari, præclaro ad adspectum, et portus habet prope in ædificatione adspectuque urbis inclusos ; qui, quum diversos inter se aditus habeant, in exitu conjunguntur et confluunt. Eorum conjunctione pars oppidi, quæ appellatur insula, mari disjuncta angusto, ponte rursum adjungitur et continetur.

LIII. Ea tanta est urbs, ut ex quatuor urbibus maximis constare dicatur ; quarum una est ea, quam dixi, insula : quæ, duobus portubus cincta, in utriusque portus ostium aditumque projecta est ; in qua domus est, quæ regis Hieronis fuit, qua prætores uti solent : in ea sunt ædes sacræ complures ; sed duæ, quæ longe ceteris antecellunt : Dianæ una, et altera, quæ fuit ante istius adventum ornatissima, Minervæ. In hac insula extrema est fons aquæ dulcis, cui nomen Arethusa est, incredibili magnitudine, plenissimus piscium ; qui fluctu totus operiretur, nisi munitione ac mole lapidum a mari disjunctus esset.

126. Altera autem est urbs Syracusis, cui nomen Acradina est ; in qua forum maximum, pulcherrimæ porticus, ornatissimum prytaneum, amplissima est curia, templumque egregium Jovis Olympii, ceteræque

SUR LES STATUES. 101

dispersés ou dans ce qui doit suivre ou dans ce qui précède ; je ne vous dirai pas que Syracuse, à qui Marcellus, le jour même qu'il y entra en conquérant, épargna les horreurs du carnage, vit couler à l'arrivée de Verrès le sang de mille victimes innocentes ; que son port, où ne purent alors pénétrer ni les flottes de Rome ni celles de Carthage, fut, durant sa préture, ouvert à tous les corsaires et aux brigands de la Cilicie ; qu'en persécutant les citoyens, en déshonorant leurs femmes, il les a accablés de maux qu'ils n'ont point eu à souffrir dans un temps où ils avaient tout à craindre, et de la colère d'un ennemi vainqueur, et de la licence du soldat, et des lois de la guerre, et des droits de la victoire : j'oublie toutes les cruautés qu'il a commises pendant trois ans. Voici un détail relatif aux autres crimes dont je vous ai parlé.

124. Vous avez souvent entendu dire que Syracuse est la plus belle ville et la plus considérable que les Grecs aient bâtie. La renommée s'accorde en ce point avec la vérité. Car cette ville est forte par son assiette ; et de tout côté, soit par terre, soit par mer, elle présente un coup d'œil agréable : les ports sont renfermés presque dans son enceinte, et sous les fenêtres de ses maisons : ils ont chacun leur entrée particulière, mais ensuite ils se réunissent dans un bassin commun. Par ce moyen, la partie de Syracuse qu'on appelle l'Île, séparée de la ville par un petit détroit, s'y rejoint et s'y réunit par un pont.

LIII. La grandeur extraordinaire de cette ville, l'a fait diviser comme en quatre villes différentes. Une des quatre, (l'Île que je viens de nommer) est au milieu des deux ports, et s'étend jusqu'à l'embouchure de l'un et de l'autre : c'est là qu'est l'ancien palais d'Hiéron, où logent aujourd'hui nos préteurs. On y voit plusieurs temples : les deux plus beaux sont celui de Diane et celui de Minerve : ce dernier, avant l'arrivée de Verrès, était enrichi des plus superbes ornements. Cette île est terminée par une source d'eau douce, qu'on nomme la fontaine d'Aréthuse ; son bassin, qui est prodigieusement grand, et rempli de poissons de toute espèce, serait entièrement couvert des eaux de la mer, s'il n'en était défendu par une digue de pierre.

126. La seconde ville se nomme Acradine ; on y voit une place immense, entourée de très-beaux portiques ; un superbe prytanée, un vaste édifice pour les assemblées du sénat, un temple magnifique en l'honneur de Jupiter Olympien : le reste de la ville consiste en une seule rue très-large

urbis partes una lata via perpetua, multisque transversis divisæ, privatis ædificiis continentur. Tertia est urbs, quæ, quod in ea parte Fortunæ fanum antiquum fuit, Tycha nominata est; in qua et gymnasium amplissimum est, et complures ædes sacræ : coliturque ea pars et habitatur frequentissime. Quarta autem est urbs quæ, quia postrema ædificata est, Neapolis nominatur : quam ad summam theatrum est maximum; præterea duo templa sunt egregia, Cereris unum, alterum Liberæ; signumque Apollinis qui Temenites vocatur, pulcherrimum et maximum, quod iste si portare potuisset, non dubitasset auferre.

LIV. Nunc ad Marcellum revertar, ne hæc a me sine causa commemorata esse videantur : qui quum tam præclaram urbem, vi copiisque cepisset, non putavit ad laudem populi romani hoc pertinere, hanc pulchritudinem, ex qua præsertim nihil periculi ostenderetur, delere et exstinguere : itaque ædificiis omnibus, publicis et privatis, sacris et profanis, sic pepercit, quasi ad ea defendenda cum exercitu, non expugnanda venisset : in ornatu urbis habuit victoriæ rationem, habuit humanitatis : victoriæ putabat esse multa Romam deportare, quæ ornamento urbi esse possent; humanitatis, non plane spoliare urbem, præsertim quam conservare voluisset.

128. In hac partitione ornatus, non plus victoria Marcelli populo romano appetivit, quam humanitas Syracusanis reservavit. Romam quæ asportata sunt, ad ædem Honoris atque Virtutis, itemque aliis in locis videmus; nihil in ædibus, nihil in hortis posuit, nihil in suburbano : putavit, si urbis ornamenta domum suam non contulisset, domum suam ornamento urbi futuram. Syracusis autem permulta atque egregia reliquit : deum vero nullum violavit, nullum attigit. Conferte Verrem; non ut hominem cum homine comparetis, ne qua tali viro mortuo fiat injuria, sed ut pacem cum bello, leges cum vi, forum et jurisdictionem cum ferro et armis, adventum et comitatum cum exercitu et victoria conferatis.

qui va d'un bout à l'autre, et qui est coupée par plusieurs rues transversales, où il n'y a que des maisons particulières. La troisième ville se nomme Tycha, parce qu'il y avait autrefois un ancien temple de la Fortune ; on y voit une très-belle académie et plusieurs temples : c'est le quartier le plus vivant et le plus peuplé. Enfin, la quatrième ville, ayant été bâtie la dernière, se nomme la ville Neuve : à son extrémité, on trouve un très-beau théâtre, deux temples admirables, l'un consacré à Cérès, l'autre à Proserpine, une grande et belle statue d'Apollon, qu'ils appellent Témépités : Verrès n'aurait pas craint de la faire enlever, si le transport en eût été facile.

LIV. Je reviens maintenant à Marcellus, afin que ma description ne paraisse pas avoir été faite sans motif. Marcellus, ayant pris une si belle ville par sa valeur et celle de ses troupes, ne crut pas que la gloire du peuple romain dépendît de la ruine et de la destruction de ses beautés, qui ne présentaient aucun danger. Il a donc épargné tous les édifices publics et particuliers, sacrés et profanes, comme s'il avait mené son armée à Syracuse pour en être le défenseur et non pas le conquérant. A l'égard des ornements dont cette ville était décorée, il consulta également les droits de la victoire et les lois de l'humanité : il crut que l'une lui faisait un devoir d'enrichir Rome d'une partie des beautés de sa conquête, mais que l'autre lui défendait de dépouiller entièrement une ville qu'il aurait voulu conserver dans tout son éclat.

128. Dans ce partage d'ornements, le vainqueur Marcellus n'en voulut pas plus pour Rome, que son humanité n'en réserva aux Syracusains. Ce qui fut transporté à Rome, nous le voyons dans le temple de l'Honneur, dans celui de la Vertu, et en d'autres lieux. Marcellus ne conserva rien pour l'embellissement de ses maisons ou de ses jardins. Il crut que sa maison serait elle-même un ornement de Rome, si elle ne recélait point les ornements d'une ville conquise. Il laissa à Syracuse de très-beaux objets d'art et en grand nombre, il ne lui enleva aucun de ses dieux. Examinez maintenant la conduite de Verrès, non pour opposer homme à homme, ne faisons pas un tel affront à Marcellus après sa mort ; mais comparez trois ans de paix avec cette guerre, les lois avec la force, la conduite du gouverneur et du juge avec celle du conquérant, l'arrivée et la suite du préteur avec les troupes et la victoire du général.

LV. Ædes Minervæ est in insula de qua ante dixi, quam Marcellus non attigit, quam plenam atque ornatam reliquit : quæ ab isto sic spoliata atque direpta est, non ut ab hoste aliquo, qui tamen in bello religionum et consuetudinis jura retineret, sed ut a barbaris prædonibus vexata esse videatur. Pugna erat equestris Agathoclis regis in tabulis picta præclare : his autem tabulis interiores templi parietes vestiebantur : nihil erat ea pictura nobilius, nihil Syracusis quod magis visendum putaretur : has tabulas M. Marcellus, quum omnia illa victoria sua profana fecisset, tamen religione impeditus non attigit : iste, quum illa jam, propter diuturnam pacem, fidelitatemque populi syracusani, sacra religiosaque accepisset, omnes eas tabulas abstulit : parietes, quorum ornatus tot sæcula manserat, tot bella effugerat, nudos ac deformatos reliquit.

130. Et Marcellus, qui si Syracusas cepisset, duo templa se Romæ dedicaturum voverat, id quod erat ædificaturus, his rebus ornare, quas ceperat, noluit : Verres, qui non Honori neque Virtuti, ut ille, sed Veneri et Cupidini vota deberet, is Minervæ templum spoliare conatus est : ille deos deorum spoliis ornare noluit ; hic ornamenta Minervæ virginis in meretriciam domum transtulit. Viginti et septem præterea tabulas pulcherrime pictas ex eadem æde sustulit, quibus erant imagines Siciliæ regum ac tyrannorum, quæ non solum pictorum artificio delectabant, sed etiam commemoratione hominum et cognitione formarum. Ac videte quanto tetrior hic tyrannus syracusanus fuerit, quam quisquam superiorum ; quum illi tamen ornarint templa deorum immortalium, hic etiam deorum monumenta atque ornamenta sustulerit.

LVI. Jam vero, quid ego de valvis illius templi commemorem ? vereor ne hæc qui non viderunt, omnia me nimis augere atque ornare arbitrentur : quod tamen nemo suspicari debet, tam esse me cupidum, ut tot viros primarios velim, præsertim ex judicum numero, qui Syracusis fuerint, qui hæc viderint, esse temeritati et mendacio meo conscios. Confirmare hoc liquido, ju-

LV. Le temple de Minerve est dans l'île dont je vous ai parlé : Marcellus n'y toucha point, il ne lui ôta aucun de ses ornements : pour Verrès, il le pilla tellement, que les vols qu'il y a faits paraissent, non l'ouvrage d'un ennemi qui observe dans la guerre le droit des gens et de la religion, mais celui des pirates les plus barbares. Le combat de cavalerie du roi Agathocle y était fort bien représenté en peinture : les murailles intérieures du temple étaient revêtues de ces tableaux ; on ne pouvait rien voir de plus beau ; Syracuse n'avait rien de plus digne de la curiosité des voyageurs. La victoire de Marcellus en avait fait autant de choses profanes ; néanmoins, par respect pour la religion, il n'y toucha point. Quoique tout ce qu'il y avait de beau dans ce temple eût, par la longue paix dont avait joui la Sicile, et par la constante fidélité des Syracusains, recouvré sa première sainteté, Verrès enleva tous ces tableaux ; et ces murailles, dont les ornements avaient duré tant de siècles au milieu des guerres, furent laissées nues et toutes défigurées.

130. Marcellus, qui avait fait vœu de consacrer deux temples à Rome, s'il se rendait maître de Syracuse, ne voulut point les décorer du butin qu'il avait fait dans la ville conquise ; et Verrès, qui n'a jamais fait de vœux ni à l'Honneur, ni à la Vertu, qui n'adore que l'Amour et Vénus, a voulu dépouiller le temple de Minerve : l'un s'est fait un scrupule d'enrichir ses dieux de ce qui avait appartenu à d'autres dieux ; et l'autre a fait transporter dans une maison de débauche les ornements du temple de la chaste Minerve. Il enleva encore du même temple vingt-sept tableaux d'une rare beauté, où l'on voyait les portraits des rois et des tyrans de la Sicile. Ces portraits ne plaisaient pas seulement par la beauté de la peinture, mais parce qu'ils rappelaient et les actions et la figure de ces anciens rois. Et voyez combien ce tyran fut plus funeste aux Syracusains, que ne l'avaient été aucun des précédents ! Ces derniers ornaient les temples des dieux ; Verrès renverse leurs monuments, et en fait sa conquête et son butin.

LVI. Que vous dirai-je, des portes de ce temple ? Je crains que ceux qui n'ont pas vu les choses par eux-mêmes, ne m'accusent d'en exagérer la beauté. Quelle apparence cependant que je m'oublie jusqu'au point de mentir avec impudence devant tant de personnages respectables ; devant des juges, dont la plupart ont vu Syracuse et tout ce qu'il y avait de beau ? Je puis donc assurer hardiment que

dices, possum, valvas magnificentiores ex auro atque ebore perfectiores nullas unquam ullo templo fuisse: incredibile dictu est, quam multi Græci de valvarum harum pulchritudine scriptum reliquerint : nimium forsitan hæc illi mirentur atque efferant : esto ; verumtamen honestius est reipublicæ nostræ, judices, ea, quæ illis pulchra esse videantur, imperatorem nostrum in bello reliquisse, quam prætorem in pace abstulisse. Ex ebore diligentissime perfecta argumenta erant in valvis: ea detrahenda curavit omnia. Gorgonis os pulcherrimum, crinitum anguibus, revulsit atque abstulit : et tamen indicavit se non solum artificio, sed etiam pretio quæstuque duci : nam bullas aureas omnes ex his valvis, quæ erant et multæ, et graves, non dubitavit auferre; quarum iste non opere delectabatur, sed pondere. Itaque ejusmodi valvas reliquit, ut quæ olim ad ornandum templum erant maxime, nunc tantum ad claudendum facta esse videantur.

132. Etiamne gramineas hastas? vidi enim vos in hoc non minime, quum testes dicerent, commoveri, quod erant hujusmodi, ut semel vidisse satis esset : in quibus neque manu factum quidquam, neque pulchritudo erat ulla, sed tantum magnitudo incredibilis, de qua vel audire satis esset ; nimium, videre plus quam semel : etiamne id concupisti?

LVII. Nam Sappho, quæ sublata de prytaneo est, dat tibi justam excusationem, prope ut concedendum atque ignoscendum esse videatur. Silanionis opus tam perfectum, tam elegans, tam elaboratum, quisquam non modo privatus, sed populus potius haberet, quam homo elegantissimus atque eruditissimus Verres? Nimirum contra dici nihil potest : nostrum enim unusquisque, qui tam beati quam iste est, non sumus, tam delicati esse non possumus, si quando aliquid istiusmodi videre volet, eat ad ædem Felicitatis, ad monumentum Catuli, in porticum Metelli : det operam ut admittatur in alicujus istorum Tusculanum : spectet forum ornatum, si quid iste suorum ædilibus accommodavit. Verres hæc

ces portes superbes, entièrement revêtues d'or et d'ivoire, étaient les plus belles qu'on eût jamais vues. Une foule d'auteurs grecs en ont décrit la beauté et les richesses. Je veux que leurs éloges soient outrés, et qu'ils aient ajouté à la vérité; il n'en est pas moins vrai que la modération d'un général qui laisse à des ennemis, contre qui il a les armes à la main, ce qui est l'objet de leur admiration, fait plus d'honneur à la république, que la conduite d'un préteur qui le leur ravit au milieu de la paix. On y voyait des traits historiques représentés sur l'ivoire avec un art admirable; Verrès détacha tous ces morceaux. Il enleva aussi une très-belle tête de Méduse avec sa chevelure de serpents. Il montra encore que c'était non-seulement la beauté du travail, mais la valeur et le profit qu'il recherchait; car il y avait à ces portes un grand nombre de clous d'or fort pesants; il ne balança point de les faire arracher; c'était non le travail, mais le poids qui lui en plaisait. Ainsi ces portes, faites particulièrement pour orner le temple, ne paraissent plus, dans l'état où il les a laissées, avoir été faites que pour le fermer.

132. Parlerai-je aussi de ces longues piques revêtues d'épis verts? Oui, j'ai vu paraître votre étonnement lorsque les témoins ont déposé sur ce fait; en effet, elles étaient telles qu'il suffisait de les avoir vues une fois: il n'y avait rien de curieux dans la façon, rien de beau dans la forme; elles étaient seulement d'une grandeur incroyable: c'était assez d'en entendre parler, et trop de les voir plus d'une fois; cependant n'ont-elles pas aussi excité votre cupidité?

LVII. La beauté de la Sapho, qu'il enleva du prytanée, lui fournit sans doute une excuse légitime; et peu s'en faut qu'on ne doive le justifier entièrement sur cet article. En effet, ce chef-d'œuvre de Silanion, ce morceau si achevé, appartiendrait à un autre particulier, à un peuple même, plutôt qu'à Verrès, cet homme d'un goût si exquis, cet habile connaisseur? Non, la préférence ne peut lui être contestée. Pour nous, envers qui la fortune et la nature ont été plus avares, nous ne pouvons pas posséder de si belles choses. Quelqu'un veut-il voir des ouvrages dans ce genre; qu'il se transporte au temple de la Félicité, au Capitole, au portique de Métellus; qu'il cherche le moyen d'entrer dans les maisons de plaisance que nos curieux ont aux environs de Tusculum; qu'il contemple la place publique, lorsqu'elle est ornée de ce que Verrès a prêté aux édiles. Verrès gardera-

habeat domi ; Verres ornamentis fanorum atque oppidorum habeat plenam domum, villas refertas. Etiamne hujus operarii studia, ac delicias, judices, perferetis? qui ita natus est, ita educatus, ita factus et animo et corpore, ut multo appositior ad deferenda quam ad auferenda signa esse videatur?

134. Atque hæc Sappho sublata quantum desiderium sui reliquerit, dici vix potest : nam quum ipsa fuit egregie facta, tum epigramma græcum pernobile incisum habuit in basi ; quod iste eruditus homo, et græculus, qu hæc subtiliter judicat, qui solus intelligit, si unam litteram græcam scisset, certe non sustulisset : nunc enim quod inscriptum est inani in basi, declarat quid fecerit, et id ablatum indicat.

135. Quid? signum Pæanis ex æde Æsculapii, præclare factum, sacrum et religiosum, non sustulisti? quod omnes propter pulchritudinem visere, propter religionem colere solebant. Quid? ex æde Liberi simulacrum Aristæi non tuo imperio palam ablatum est? Quid, ex æde Jovis, religiosissimum simulacrum Jovis Imperatoris, quem Græci Urion nominant, pulcherrime factum, nonne abstulisti? Quid? ex æde Liberæ parinum illud caput pulcherrimum, quod visere solebamus, num dubitasti tollere? Atque ille Pæan sacrificiis anniversariis simul cum Æsculapio apud illos colebatur. Aristæus, qui, ut Græci ferunt, Liberi filius, inventor olei esse dicitur, una cum Libero patre apud illos eodem erat in templo consecratus.

LVIII. Jovem autem Imperatorem quanto honore in suo templo fuisse arbitramini? hinc colligere potestis, si recordari volueritis, quanta religione fuerit eadem specie atque forma signum illud, quod ex Macedonia captum in Capitolio posuerat Flamininus. Etenim tria ferebantur in orbe terrarum signa Jovis imperatoris uno in genere pulcherrime facta : unum, illud macedonicum, quod in Capitolio videmus ; alterum in Ponti ore et angustiis ; tertium, quod Syracusis ante Verrem prætorem fuit. Illud Flamininus ita ex æde sua sustulit,

t-il toutes ces richesses? les ornements des temples et des villes rempliront-ils ses maisons à Rome et à la campagne? souffrirez-vous plus longtemps, ô juges, les plaisirs et les passions de cet artisan, qui, par sa naissance, par son éducation, par les qualités de l'âme et du corps, paraît beaucoup plus propre à porter des statues sur ses épaules, qu'à les faire transporter chez lui pour en jouir?

134. Et l'enlèvement de cette Sapho, quels regrets a-t-il laissés? c'est ce qu'il est difficile d'exprimer. Car cette statue, outre qu'elle était faite avec beaucoup d'art, avait sur sa base une célèbre inscription grecque; et ce docteur, ce prétendu Grec, qui juge des choses de l'art avec tant de sagacité, qui en a seul l'intelligence, s'il avait su un mot de grec, n'aurait certainement pas enlevé cette Sapho; car l'inscription du piédestal qui est resté, annonce quelle était la statue, et fait voir qu'on l'a enlevée.

135. Quoi! cette belle statue d'Apollon, si sainte et si respectable, ne l'avez-vous pas arrachée du temple d'Esculape? Tout le monde l'allait voir pour sa beauté, et la religion la rendait vénérable. Quoi! n'est-ce point par votre ordre que la statue d'Aristée fut publiquement ravie du temple de Bacchus? Quoi! cette vénérable, cette magnifique statue de Jupiter Impérator, que les Grecs appellent Urion, ne l'avez-vous pas enlevée de son temple? Et ce magnifique buste de marbre de Paros, que nous allions voir avec plaisir au temple de Proserpine, n'avez-vous pas eu la hardiesse de l'emporter? On célébrait tous les ans à Syracuse des fêtes communes à Apollon et à Esculape; Aristée, que les Grecs font fils de Bacchus, et à qui ils attribuent la découverte de l'olivier, était honoré dans le même temple que ce dieu.

LVIII. A l'égard de ce Jupiter Imperator, comprenez-vous quels hommages il recevait dans son temple? Pour vous en faire une juste idée, souvenez-vous de ceux qu'on rendait à celui qui, représenté sous la même forme, et égal en beauté à celui de Syracuse, était adoré dans la Macédoine, d'où Flamininus le fit transporter et placer dans le Capitole. On connaissait trois statues de Jupiter, chef des armées, toutes les trois ressemblantes et également belles; la première était celle de Macédoine, que nous voyons aujourd'hui dans le Capitole; la seconde se voit à l'embouchure du Pont-Euxin, et la troisième était à Syracuse avant que Verrès fût préteur de la Sicile. Flamininus, à la vérité, fit

ut in Capitolio, hoc est in terrestri domicilio Jovis, poneret.

137. Quod autem est ad introitum Ponti, id, quum tam multa ex illo mari bella emerserint, tam multa porro in Pontum invecta sint, usque hanc diem integrum inviolatumque servatum est. Hoc tertium, quod erat Syracusis, quod M. Marcellus, armatus et victor, viderat, quod religioni concesserat, quod cives atque incolæ syracusani colere, advenæ non solum visere, verum etiam venerari solebant : id Verres ex templo Jovis sustulit.

138. Ut sæpius ad M. Marcellum revertar, judices, sic habetote : plures esse a Syracusanis istius adventu deos, quam victoria Marcelli homines desideratos. Etenim ille requisisse dicitur etiam Archimedem illum, summo ingenio hominem ac disciplina, eumque quum audisset interfectum, permoleste tulisse. Iste omnia quæ requisivit, non ut servaret, verum ut asportaret, requisivit.

LIX. Jam illa, quia leviora videbuntur, si hoc loco dicerentur, ideo præteribo, quod iste mensas delphicas e marmore, crateras ex ære pulcherrimas, vim maximam vasorum corinthiorum, ex omnibus ædibus sacris Syracusis abstulit. Itaque, judices, hi qui hospites ad ea, quæ visenda sunt, ducere solent, et unumquidque ostendere, quos illi mystagogos vocant, conversam jam habent demonstrationem suam : nam ut ante demonstrabant quid ubique esset, ita nunc, quid undique ablatum sit, ostendunt. Quid tum? mediocrine tandem dolore eos affectos esse arbitramini? non ita est, judices : primum, quod omnes religione moventur, et deos patrios, quos a majoribus acceperunt, colendos sibi diligenter et retinendos esse arbitrantur : deinde hic ornatus, hæc opera atque artificia, signa tabulæ pictæ, græcos homines nimio opere delectant. Itaque ex illorum querimoniis intelligere possumus, hæc illis acerbissima videri, quæ forsitan nobis levia et contemnenda esse

enlever de son temple celle de Macédoine; mais ce ne fut que pour la faire placer dans le Capitole, c'est-à-dire dans le domicile terrestre de Jupiter.

137. Quant à celle qui est à l'entrée du Pont-Euxin, quoique cette mer ait été ou la source ou le théâtre de tant de guerres, elle s'est conservée jusqu'ici, sans que jamais une main téméraire en ait osé violer la sainteté; mais pour celle de Syracuse, que Marcellus vainqueur, et les armes encore à la main, vit et respecta, qu'il laissa à la religion de ce peuple, que les citoyens et les habitants de cette grande ville honoraient d'un culte spécial, que les étrangers allaient voir et adorer, le sacrilége Verrès l'a arrachée du temple de Jupiter.

138. Pour vous parler encore de la modération de Marcellus, sachez, juges, que les Syracusains perdirent plus de dieux par l'arrivée de Verrès, que la victoire de Marcellus ne leur avait coûté de citoyens. Ce conquérant, plein d'humanité, ne fut pas plutôt maître de la ville, qu'il s'informa d'Archimède, ce génie divin, cet homme d'un si vaste savoir; et lorsqu'il sut qu'il avait été tué, il s'affligea de cette perte. Quant à Verrès, toutes ses recherches avaient pour motif, non la conservation, mais le pillage.

LIX. Comme certains faits paraîtraient peu importants si j'en parlais en cet endroit, je les supprimerai. Je ne vous dirai donc point qu'il a enlevé dans les temples de Syracuse des tables de marbre, de très-belles coupes de cuivre, des vases de métal de Corinthe. Aussi, juges, les prêtres chargés de conduire les étrangers et de leur faire voir le trésor de chaque temple, font leur démonstration d'une manière toute différente. Ils montraient autrefois les choses chacune dans leur lieu : à présent ils ne montrent que les places d'où elles ont été enlevées. Eh quoi! pensez-vous que toutes ces pertes n'aient excité dans cette ville qu'une douleur médiocre? Détrompez-vous; tous les hommes sont attachés à leur religion. On regarde comme un devoir essentiel l'obligation d'honorer et de conserver les dieux qu'adoraient ses pères : d'ailleurs, cette magnificence, ces ouvrages, ces statues, ces tableaux, enchantent les Grecs, et font leurs délices. Ainsi leurs plaintes doivent vous faire comprendre qu'ils sont très-affligés de la perte de ces choses, que vous regardez peut-être comme futiles et méprisables.

videantur : mihi credite, judices (tametsi vosmetipsos hæc eadem audire certo scio), quum multas acceperint per hosce annos socii, atque exteræ nationes calamitates et injurias, nullas græci homines gravius tulerunt, nec ferunt, quam hujuscemodi spoliationes fanorum atque oppidorum.

140. Licet iste dicat emisse se, sicuti solet dicere. Credite hoc mihi, judices : nulla unquam civitas tota Asia et Græcia signum ullum, tabulam pictam, ullum denique ornamentum urbis, sua voluntate cuiquam vendidit. Nisi forte existimatis, posteaquam judicia severa Romæ fieri desierint, græcos homines hæc venditare cœpisse : quæ tum non modo non vendebant, quum judicia fiebant, verum etiam coemebant : aut nisi arbitramini, L. Crasso, Q. Scævolæ, C. Claudio, potentissimis hominibus, quorum ædilitates ornatissimas vidimus; commercium istarum rerum cum græcis hominibus non fuisse : iis, qui post judiciorum dissolutiones ædiles facti sunt, fuisse.

LX. Acerbiorem etiam scitote esse civitatibus falsam istam et simulatam emptionem, quam si quis clam surripiat, aut eripiat palam atque auferat : nam turpitudinem summam esse arbitrantur, referri in litteras publicas, pretio adductam civitatem, et pretio parvo, ea, quæ accepisset a majoribus, vendidisse atque alienasse : etenim mirandum in modum Græci rebus istis, quas nos contemnimus, delectantur. Itaque majores nostri facile patiebantur hæc esse quam plurima apud socios, ut imperio nostro quam ornatissimi florentissimique essent : apud eos autem, quos vectigales aut stipendiaros fecerant, tamen hæc relinquebant, ut illi, quibus ea jucunda sunt, quæ nobis levia videbantur, haberent hæc oblectamenta et solatia servitutis.

142. Quid arbitramini Rheginos, qui jam cives romani sunt, merere velle, ut ab eis marmorea Venus illa auferatur? Quid Tarentinos, ut Europam in tauro sedentem amittant, ut Satyrum qui apud illos in æde Vestæ est, ut cetera? Quid Thespienses, ut Cupidinis

Croyez-moi, juges (et vous le savez déjà, j'en suis sûr), de tous les malheurs qui, dans ces derniers temps, ont affligé nos alliés et les nations étrangères, aucun ne leur a causé et ne leur cause encore tant de douleur que ce pillage des temples et des villes.

140. En vain Verrès dira, suivant sa coutume, qu'il a tout acheté; il n'en est rien, juges: vous pouvez m'en croire. Il n'y a point de ville, ni dans l'Asie, ni dans la Grèce, qui ait vendu librement aucune de ses statues, aucun de ses tableaux, aucun de ses ornements; à moins qu'il ne vous paraisse vraisemblable que, depuis qu'on a cessé de rendre une exacte justice dans Rome, les Grecs ont commencé de vendre ce qu'ils s'empressaient d'acheter avant ce relâchement; ou à moins que vous ne pensiez que L. Crassus, Q. Scévola, C. Claudius, ces hommes si puissants et si riches, qui ont signalé leur édilité par de magnifiques spectacles, n'ont point emprunté des Grecs ces curiosités, et que les édiles, créés depuis le relâchement des tribunaux, ont été obligés d'avoir recours aux Grecs.

LX. Oui, ces achats prétendus et supposés sont pour ces villes une insulte plus cruelle qu'un vol clandestin, ou un enlèvement fait avec éclat; car ces peuples regardent comme le comble de l'infamie, qu'il soit écrit sur des registres publics, qu'une modique somme a pu les engager à vendre et à aliéner ce que leurs pères leur avaient laissé. L'attachement des Grecs pour les petites choses que nous méprisons, est incompréhensible; aussi nos ancêtres souffraient volontiers l'abondance de ces ornements chez nos alliés, pour qu'ils fussent sous notre empire dans le plus grand lustre et le plus grand éclat: ils n'en dépouillaient pas même ceux que nos armes avaient rendus nos vassaux et nos tributaires; afin que ceux qui prenaient plaisir à ces choses que nous regardions comme indifférentes, eussent ces adoucissements et cette consolation dans leur dépendance.

142. Quelle somme, je le demande, les habitants de Rheggio, aujourd'hui citoyens romains, exigeraient-ils, pour laisser emporter leur belle Vénus de marbre? Les Tarentins, pour leur Europe assise sur un taureau, pour ce fameux Satyre de leur temple de Vesta, et pour tant d'autres excellentes statues? Ceux de Thespies, pour leur Cupidon, qui

signum, propter quod unum visuntur Thespiæ? Quid Cnidios, ut Venerem marmoream? Quid ut pictam, Coos? Quid Ephesios, ut Alexandrum? Quid Cyzicenos, ut Ajacem aut Medeam? Quid Rhodios, ut Ialysum? Quid Athenienses, ut ex marmore Iacchum, aut Paralum pictum, aut ex ære Myronis buculam? Longum est, et non necessarium, commemorare quæ apud quosque visenda sunt tota Asia et Græcia. Verum illud est quamobrem hæc commemorarim, quod existimare vos hoc volo, mirum quemdam dolorem accipere eos ex quorum urbibus hæc auferantur.

LXI. Atque, ut ceteros omittamus, de ipsis Syracusanis cognoscite : ad quos ego quum venissem, sic primo existimabam, ut Romæ ex istius amicis acceperam, civitatem syracusanam, propter Heraclii hæreditatem, non minus esse isti amicam, quam mamertinam propter prædarum ac furtorum omnium societatem.

144. Itaque Syracusis cum civibus romanis eram : eorum tabulas exquirebam ; injurias cognoscebam : quum diutius in negotio curaque fueram, ut requiescerem, curamque animi remitterem, ad Carpinatii præclaras tabulas revertebar : ubi cum equitibus romanis ex illo conventu honestissimis, illos Verrutios, de quibus ante dixi, explicabam, a Syracusanis prorsus nihil adjumenti neque publice neque privatim exspectabam, neque erat in animo postulare. Quum hæc agerem, repente ad me venit Heraclius, is qui tum magistratum Syracusis habebat, homo nobilis, qui sacerdos Jovis fuisset (qui honos apud Syracusanos est amplissimus) : agit mecum, et cum L. fratre meo, ut, si nobis videretur, adiremus ad eorum senatum : frequentes esse in curia, se jussu senatus a nobis petere ut veniremus. Primo nobis fuit dubium quid ageremus : deinde cito venit in mentem, non esse vitandum nobis illum conventum et locum.

LXII. Itaque in curiam venimus. Honorifice sane consurgitur : nos rogatu magistratus assedimus. Incipit is loqui, qui et auctoritate, et ætate, et, ut mihi visum

seul attire chez eux les voyageurs? Les Cnidiens, pour leur Vénus de marbre? Ceux de Cos, pour leur Alexandre? Ceux de Cyzique, pour leur Ajax ou leur Médée? Les Rhodiens, pour leur Jalysus? Les Athéniens, pour leur Bacchus en marbre, pour leur tableau du Paralus, ou pour leur génisse d'airain, œuvre de Myron? Il serait trop long, et même inutile de rapporter ce que l'Asie et la Grèce offrent de curieux en ce genre. Mais voici pourquoi je suis entré dans ce détail; c'est que je veux vous mettre en état de juger de la douleur extraordinaire que ressentent les habitants des villes d'où l'on enlève toutes ces richesses.

LXI. Je ne parlerai point des autres peuples de la Sicile, je ne ferai mention que des Syracusains : arrivé chez eux, je crus d'abord, comme les amis de Verrès me l'avaient assuré à Rome, que la ville de Syracuse ne lui était pas moins attachée, à cause de l'héritage d'Héraclius, que celle de Messine, qu'il avait associée à toutes ses pirateries et à tous ses brigandages.

144. Je ne voyais donc à Syracuse que des citoyens romains, je ne consultais que leurs registres, et j'y remarquais ses injustices. Après une longue contention et un travail de plusieurs heures, pour m'amuser et me délasser, je feuilletais les fameux registres de Carpinatius; j'y faisais observer à quelques chevaliers romains, qui étaient l'élite des habitants de cette ville, ces fréquentes répétitions du nom de Verrutius, dont je vous ai déjà parlé, et je leur expliquais l'énigme. Je n'attendais des Syracusains aucun éclaircissement, ni de la part des magistrats, ni de celle des particuliers : je ne songeais pas même à leur en demander. Tandis que j'examinais ces registres, Héraclius, que je n'attendais pas, vint me trouver : il était alors magistrat de Syracuse. C'est un homme distingué; il avait été prêtre de Jupiter, honneur insigne dans cette ville. Il nous pria, mon cousin Lucius et moi, de vouloir bien nous rendre au sénat : il ajouta que l'assemblée était très-nombreuse, et que c'était au nom de tout le corps qu'il nous priait d'y assister. Nous hésitâmes d'abord : mais bientôt après nous crûmes que nous ne devions pas refuser de nous rendre en ce lieu.

LXII. Nous y allâmes donc : dès que nous parûmes, on se leva pour nous faire honneur : nous prîmes place à la prière du magistrat. Diodore Timarchide, qui, par son autorité,

est, usu rerum antecedebat, Diodorus Timarchides; cujus omnis oratio hanc habuit primo sententiam : senatum, populumque syracusanum moleste gravitérque ferre quod ego, quum in ceteris Siciliæ civitatibus, senatum populumque docuissem, quid eis utilitatis, quid salutis afferrem; et quum ab omnibus mandata, legatos, litteras, testimoniaque sumpsissem, in illa civitate nihil ejusmodi facerem. Respondi neque Romæ in conventu Siculorum, quum a me auxilium communi omnium legationum consilio petebatur, causaque totius ad me Siciliæ deferebatur, legatos Syracusanorum affuisse; neque me postulare ut quidquam contra C. Verrem decerneretur in ea curia, in qua inauratam C. Verris statuam viderem.

146. Quod posteaquam dixi, tantus est gemitus factus adspectu statuæ et commemoratione, ut illud in curia positum monumentum scelerum, non beneficiorum videretur. Tum pro se quisque, quantum dicendo assequi poterat, docere me cœpit ea quæ paulo ante commemoravi : spoliatam urbem, fana direpta : ex Heraclii hereditate, quam palæstritis concessisset, multo maximam partem ipsum abstulisse : neque postulandum fuisse, ut ille palæstritas diligeret, qui etiam inventorem olei deum sustulisset : neque illam statuam esse ex pecunia publica, neque publice datam; sed eos, qui hæreditatis diripiendæ partícipes fuissent, faciendam statuendamque curasse : eosdem Romæ fuisse legatos, illius adjutores improbitatis, socios furtorum, conscios flagitiorum : eo minus mirari me oportere, si illi communi legatorum voluntati et saluti Siciliæ defuissent.

LXIII. Ubi eorum dolorem ex illius injuriis, non modo non minorem, sed prope majorem, quam ceterorum Siculorum, esse cognovi; tum meum animum in illos, tum mei consilii negotiique totius suscepti causam rationemque proposui : tum eos hortatus sum, ut causæ communi salutique ne deessent; ut illam laudationem, quam se vi ac metu coactos, paucis illis diebus, decresse dicebant, tollerent. Itaque, judices, Syra-

son âge, et, autant que j'en pus juger, par son expérience, était à la tête du corps, porta la parole. Tout son discours d'abord tendit à témoigner que le sénat et le peuple de Syracuse voyaient avec peine et avec douleur, qu'ayant informé dans les autres villes de Sicile le sénat et le peuple de l'avantage et du bonheur que je venais leur procurer, et qu'ayant reçu de toutes ces villes, des renseignements, des députés, des lettres, des témoignages, je ne faisais rien de semblable à Syracuse. Je répondis que dans la visite que me firent à Rome les Siciliens, qui, par une députation générale, vinrent me demander mon secours, et me prier de me charger des intérêts de toute la Sicile, je n'y avais pas vu les députés de Syracuse; et que je n'exigeais pas que l'on décernât rien contre Verrès dans un lieu où je voyais sa statue si bien dorée.

146. A peine eus-je achevé ce peu de paroles, que la vue et le souvenir de cette statue leur arrachèrent les larmes des yeux; d'où je compris que c'était un monument des crimes et non pas des bienfaits de Verrès. Alors chaque membre du sénat en particulier commença à me faire connaître, autant que cela est possible dans une exposition verbale, toutes les fureurs dont je vous ai déjà parlé; qu'il avait pillé leur ville, dépouillé leurs temples; que de l'héritage d'Héraclius qu'il avait accordé pour l'entretien des athlètes, il s'en était approprié la plus grande partie; mais qu'il ne fallait point exiger d'attachement pour les athlètes de la part d'un homme qui avait enlevé le dieu à qui nous devons la découverte de l'olivier; que sa statue n'avait été érigée ni par autorité publique, ni aux frais de la ville; que c'était l'ouvrage de ceux qui étaient entrés en société avec lui pour piller cet héritage; que ces mêmes hommes, députés à Rome, étaient les ministres de sa méchanceté, les associés de ses rapines, les complices de ses crimes : qu'ainsi je ne devais pas être surpris s'ils n'avaient point agi d'intelligence avec les autres envoyés pour le bien commun de la Sicile.

LXIII. Considérant que leur ressentiment égalait et surpassait presque celui des autres Siciliens, je leur découvris mes intentions à leur égard; je leur exposai mon plan, l'ordre et le but de ma commission : puis je les exhortai à ne point abandonner l'intérêt général et la cause commune, et à rétracter cet éloge que la force et la crainte leur avaient, disaient-ils, arraché peu de jours auparavant. Voici donc ce que firent les Syracusains, ces bons amis, ces clients de

cusani hæc faciunt, istius clientes atque amici : primum mihi litteras publicas, quas in ærario sanctiore conditas habebant, proferunt; in quibus ostendunt omnia, quæ dixi ablata esse, perscripta, et plura etiam quam ego potui dicere; perscripta autem hoc modo : *Quod ex æde Minervæ hoc et illud abesset : Quod ex æde Jovis ; Quod ex æde Liberi.* Ut quisque eis rebus tuendis conservandisque præfuerat, ita perscriptum erat, quum rationem ex lege redderet, et quæ acceperat, deberet tradere, petisse ut sibi, quod hæ res abessent, ignosceretur : itaque omnes liberatos discessisse, et esse ignotum omnibus : quas ego litteras obsignandas publico signo, deportandasque curavi.

148. De laudatione autem ratio sic reddita est : primum, quum a Verre litteræ aliquanto ante adventum meum, de laudatione venissent, nihil esse decretum : deinde, quum quidam ex illius amicis commonerent oportere decerni, maximo esse clamore et convicio repudiatos : posteaquam meus adventus appropinquarit, imperasse eum, qui summam potestatem haberet, ut decernerent : decretum ita esse, ut multo plus illa laudatio mali quam boni possit afferre. Id adeo, judices, ut mihi ab illis demonstratum est, sic vos ex me cognoscite.

LXIV. Mos est Syracusis, ut, si qua de re ad senatum referatur, dicat sententiam, qui velit : nominatim nemo rogatur : et tamen, ut quisque honore et ætate antecedit, ita primus solet sua sponte dicere; idque a ceteris ei conceditur : si quando taceant omnes, tunc sortito coguntur dicere. Quum hic mos esset, refertur ad senatum de laudatione Verris : in quo primum ut aliquid esset moræ multi interpellant : de Sex. Peducæo, qui de illa civitate, totaque provincia optime meritus esset, sese antea, quum audissent ei negotium facessitum, quumque eum publice pro plurimis ejus et maximis meritis laudare cuperent, a C. Verre prohibitos esse : iniquum esse, tametsi Peducæus eorum laudatione jam

Verrès; ils me montrent d'abord leurs registres, qu'ils tenaient renfermés dans l'endroit le plus caché de leur trésor; ils m'y montrèrent inscrits tous les pillages dont j'ai parlé, et plus encore que je n'en ai pu dire. Or, ils y étaient inscrits de cette manière : Telle et telle chose manque dans le temple de Minerve, telle autre dans celui de Jupiter, ou dans celui de Bacchus. A côté des noms de ceux à qui on avait confié la garde de ces choses saintes, on voyait cette apostille: Un tel rendant compte suivant la loi, et devant représenter ce qu'il a reçu, a demandé qu'on ne l'inquiétât point, pour certaines pièces qui n'étaient plus dans le temple : tous en effet furent déchargés, et l'on n'inquiéta personne. Je fis sceller ces registres du sceau public, et j'ordonnai qu'on les apportât chez moi.

148. A l'égard de l'éloge en question, voici comme ils m'exposèrent le fait. Il me dirent que, peu de jours avant mon arrivée, ils reçurent des lettres de Verrès au sujet de l'attestation qu'il leur demandait ; que d'abord ils n'avaient pris aucune résolution ; qu'ensuite ses amis les pressant de donner un décret en sa faveur, leur demande avait été rejetée avec beaucoup de clameurs et de mépris ; que peu de temps avant mon arrivée, il leur avait été enjoint, par celui qui avait l'autorité, de venir aux opinions ; qu'on avait obéi, et que l'éloge de Verrès avait été tourné de façon, qu'il pouvait plutôt lui nuire que lui servir. Je vais vous dire, d'après ces sénateurs, comment la chose se passa.

LXIV. C'est l'usage à Syracuse, quand on rapporte quelque affaire dans le sénat, que quiconque le veut, donne son avis; on ne le demande nommément à personne ; mais ceux qui, par le rang et l'âge, sont au-dessus des autres, parlent ordinairement les premiers et de leur propre mouvement ; personne ne leur conteste cet honneur. S'il arrive que tous gardent le silence, le sort décide de ceux qui opineront sur l'affaire agitée. Conséquemment à cet usage, on proposa au sénat de faire l'éloge de Verrès : plusieurs, pour gagner du temps, interrompirent ceux qui opinaient : Sext. Péducéus, dirent-ils, rendit de très-grands services à cette ville et à toute la province ; il y a quelque temps, lorsque nous apprîmes qu'on lui suscitait de méchantes affaires, nous souhaitâmes, pour reconnaître ses grands et nombreux services, faire un éloge public de ses vertus : Verrès nous en empêcha. Quoique Péducéus ne soit plus dans le cas de faire usage de notre

non uteretur, tamen non id prius decernere, quod aliquando voluissent, quam quod tum cogerentur.

150. Conclamant omnes, et approbant ita fieri oportere. Refertur de Peducæo : ut quisque ætate et honore antecedebat, ita sententiam dixit ex ordine. Id adeo ex ipso senatusconsulto cognoscite : nam principum sententiæ perscribi solent. Recita. *Quod verba facta sunt de Sex. Peducæo.* Dicit, qui primi suaserint : decernitur. Refertur deinde de Verre : dic, quæso, quomodo. *Quod verba facta sunt de C. Verre.* Quid postea scriptum est? *Quum surgeret nemo, neque sententiam diceret :* Quid hoc est? *sors ducitur.* Quamobrem? nemo erat voluntarius laudator præturæ tuæ, defensor periculorum tuorum, præsertim quum inire a prætore gratiam posset? nemo. Ipsi illi tui convivæ, consolarii, conscii, socii, verbum facere non audebant.

151. Atque etiam hoc me docent, ejusmodi senatusconsulto sese fecisse laudationem, ut omnes intelligere possent, non laudationem, sed potius irrisionem esse illam, quæ commonefaceret istius turpem calamitosamque præturam : etenim scriptum esse ita : *Quod iste virgis neminem cecidisset;* a quo cognoscitis, nobilissimos homines atque innocentissimos securi esse percussos : *Quod diliganter provinciam administrasset;* cujus omnes vigilias in stupris constat, adulteriisque esse consumptas. Hoc autem scriptum etiam, quod proferre non auderet reus, accusator recitare non desineret : *Quod prædones procul ab insula Sicilia prohibuisset Verres;* quos etiam intra syracusanam insulam recepisset. Quæ posteaquam ex illis cognovi, discessi cum fratre e curia, ut nobis absentibus, si quid vellent, decernerent.

LXV. Decernunt statim : primum : *Ut cum L. fratre hospitium publice fieret;* quod is eamdem voluntatem erga Syracusanos suscepisset, quam ego semper habuissem.

éloge, il serait injuste de ne pas statuer sur cet objet, conforme à nos désirs, avant de délibérer sur ce qu'on exige de nous aujourd'hui.

150. Tout le monde convint que la chose était raisonnable : on proposa l'affaire de Péducéus : chacun opina suivant le rang que l'âge et les honneurs lui donnaient. Apprenez-donc ce qui s'est passé, par le décret même du sénat ; car on a coutume d'y écrire l'avis des premiers sénateurs. Lisez : *On a traité de ce qui concerne S. Péducéus.* Le sénatus-consulte parle de ceux qui dirent les premiers leur avis. On décide. Il est question ensuite de la demande de Verrès. Dites, je vous prie, comment : *On a proposé l'affaire de Verrès.* Qu'y a-t-il ensuite d'écrit ? *Comme personne ne se levait et ne donnait son avis :* Qu'est-ce que cela veut dire ? *On tira au sort.* Pourquoi ? Comment, personne ne se portait de lui-même à faire l'éloge de votre préture, à vous sauver du précipice, surtout pouvant par là gagner les bonnes grâces du préteur ? personne, vos convives, vos agents, vos ministres, vos complices n'osaient dire un seul mot en votre faveur.

151. Ils me firent voir aussi que le décret qu'ils avaient rendu à l'avantage de Verrès, était moins un éloge qu'une satire fine, qui remettait devant les yeux les infamies et les maux de sa préture ; car c'est ainsi qu'on s'exprimait : *Que Verrès n'avait fait battre personne de verges ;* vous devez juger par là, qu'il fit périr sous la hache des personnes aussi illustres qu'innocentes : *Qu'il avait gouverné la province avec vigilance ;* lui dont toutes les veilles ont été consacrées à l'infamie et à l'adultère. Cette attestation contenait encore un autre article, dont l'accusé n'oserait faire aucun usage, et qu'un accusateur ne cesserait de faire valoir, c'est qu'*il a empêché les pirates de pénétrer dans la Sicile ;* et l'on sait qu'ils sont entrés jusque dans les ports de Syracuse. Après avoir tiré ces éclaircissements, nous sortîmes du sénat, mon frère et moi, pour ne point gêner la liberté des suffrages, en cas qu'ils eussent quelque chose à décider.

LXV. Sur-le-champ ils rendirent un arrêt, premièrement qui donnait à mon cousin le droit d'être logé aux frais du public, en reconnaissance de ce qu'il était animé pour eux des sentiments que j'avais toujours eus moi-même. Non-seule-

Id non modo tum scripserunt, verum etiam in ære incisum nobis tradiderunt. Valde hercle te Syracusani tui, quos crebro commemorare soles, diligunt : qui cum accusatore tuo satis justam causam conjungendæ necessitudinis putant, quod te accusaturus sit, et quod ad inquirendum in te venerit. Postea decernitur, ac non varie, sed prope conjunctis : *Ut laudatio, quæ C. Verri decreta esset, tolleretur.*

153. At vero quum jam non solum discessio facta esset, sed etiam perscriptum, atque in tabulas relatum, prætor appellatur. At quis appellat? magistratus aliquis? nemo. Senator? ne id quidem. Syracusanorum aliquis? minime. Quis igitur prætorem appellat? qui quæstor istius fuerat, Cæcilius. O rem ridiculam! o desertum hominem! o desperatum ac relictum a magistratu siculo! Ne senatusconsultum siculi homines facere possent; ne suum jus suis moribus, suis legibus obtinere possent; non amicus istius, non hospes, non denique aliquis Siculus, sed quæstor prætorem appellat. Quis hoc vidit? aut quis audivit? Prætor æquus et sapiens dimitti jubet senatum ; concurrit ad me maxima multitudo : primum senatores clamare, eripi sibi jus, eripi libertatem : populus senatum laudare, gratias agere : cives romani a me nusquam discedere : quo quidem die nihil ægrius factum est, multo labore meo, quam ut manus ab illo appellatore abstinerentur. Quum ad prætorem in jus adiissemus, excogitat sane diligenter et caute quid decernat : nam antequam verbum facerem, de sella surrexit, atque abiit. Itaque tum de foro, quum jam advesperasceret, discessimus.

LXVI. Postridie mane ab eo postulo ut Syracusanis liceret senatusconsultum, quod pridie fecissent, mihi reddere. Ille enimvero negat : et ait indignum facinus esse, quod ego in senatu græco verba fecissem : quod quidem apud Græcos græce locutus essem, id ferri nullo modo posse. Respondi homini, ut potui, ut volui, ut debui : tum multa, tum etiam hoc memini dicere, facile esse perspicuum, quantum inter hunc et illum Numidicum, verum et germanum Metellum, interesset : illum

ment ils firent cet arrêté; mais encore ils nous le donnèrent gravé sur l'airain. En vérité, vous voilà bien tendrement chéri de ces Syracusains, que vous nous citez à tout propos, et pour qui c'est un motif de s'unir d'amitié avec votre accusateur, parce qu'il doit vous accuser, et qu'il est venu faire des recherches contre vous. Ensuite on rendit un second arrêt, et presque toutes les voix se réunirent pour ordonner que l'éloge de Verrès serait biffé et rétracté.

153. L'assemblée s'était déjà retirée, tout était enregistré, lorsqu'on fit appel au préteur ; mais qui fit cet appel? un magistrat? non ; un sénateur? encore moins ; un citoyen de Syracuse? point du tout. Qui donc? celui qui avait été questeur sous Verrès, Cécilius? Quel ridicule! O malheureux Verrès! vous voilà donc sans espérance d'être défendu par aucun magistrat sicilien? Pour que les Siciliens ne puissent faire ce décret, user de leur droit suivant leurs coutumes et leurs lois, ce n'est ni un ami de Verrès, ni son hôte, ni enfin un Sicilien quelconque, c'est le questeur qui en appelle à son préteur. A-t-on jamais vu, a-t-on jamais entendu rien de semblable? Le préteur équitable et sage ordonne au sénat de se séparer : le peuple accourt en foule à ma maison : les sénateurs s'écrient que c'est les dépouiller de leurs droits, que c'est violer leur liberté ; le peuple comble d'éloge son sénat, et lui témoigne sa gratitude ; les citoyens romains ne me quittent point : ma plus grande affaire ce jour-là est d'empêcher qu'on ne se jette sur cet appelant. Quand nous allâmes chez le préteur pour lui demander justice, il pensa fort soigneusement et avec prudence ce qu'il devait ordonner. Car, sans me laisser le temps de dire le premier mot, il se leva et disparut. Il était presque nuit lorsque nous nous retirâmes.

LXVI. Le lendemain matin, je lui demandai qu'il fût permis aux Syracusains de me livrer le sénatus-consulte qu'ils avaient fait la veille. Il rejeta ma demande ; il me fit un crime d'avoir harangué dans un sénat grec, et surtout d'avoir parlé en grec devant des Grecs. Je lui fis la réponse que je pus, que je voulus, et que je devais lui faire. Je me souviens que je lui dis, entre autres choses, qu'il était bien loin de ressembler à l'illustre vainqueur des Numides, le grand, le véritable Métellus : que celui-ci avait refusé son attesta-

noluisse sua laudatione juvare L. Lucullum, sororis virum, quicum optime convenisset ; hunc homini alienissimo a civitatibus laudationes per vim et metum comparare.

155. Quod ubi intellexi, multum apud illum recentes nuntios, multum tabulas non commendatitias, sed tributarias valuisse ; admonitu ipsorum Syracusanorum impetum in eas tabulas facio, in quibus singula perscripta erant. Ecce autem nova turba atque rixa : ne tamen istum omnino Syracusis sine amicis, sine hospitibus, plane nudum esse ac desertum putetis ; retinere cœpit tabulas Theomnastus quidam, homo ridicule insanus, quem Syracusani Theoractum vocant ; qui illic ejusmodi est, ut eum pueri sectentur, ut omnes, quum loqui cœperit, irrideant. Hujus tamen insania, quæ ridicula est aliis, mihi tum molesta sane fuit : nam quum spumas ageret in ore, arderent oculi, voce maxima vim me sibi afferre clamaret, copulati in jus pervenimus.

156. Hic ego postulare cœpi, ut mihi tabulas obsignare ac deportare liceret. Ille contra dicere : negare esse illud senatusconsultum, in quo prætor appellatus esset ; negare id mihi tradi oportere : ego legem recitare, omnium mihi tabularum et litterarum fieri potestatem oportere. Contra, ille furiosius urgere, nihil ad se nostras leges pertinere. Prætor intelligens, negare sibi placere, quod senatusconsultum ratum esse non deberet, id me Romam deportare. Quid multa ? nisi vehementius homini minatus essem, nisi legum sanctionem, pœnamque recitassem, tabularum mihi potestas facta non esset. Ille autem insanus, qui pro isto contra me vehementissime declamasset, postquam non impetravit, credo, ut in gratiam mecum rediret, libellum mihi dat, in quo istius furta syracusana perscripta erant ; quæ ego antea jam ab aliis cognoram et acceperam.

LXVII. Conclusio. Laudent te sane jam Mamertini, qui ex tanta provincia soli sunt qui te salvum velint : ita tamen laudent, ut Hejus, qui ejus princeps legationis est, adsit : ita laudent, ut ad ea quæ rogati

tion à L. Lucullus, son beau-frère et son ami; et que lui, au contraire, usait de violence et de menace pour obliger les villes à faire l'apologie d'un homme qui lui était tout à fait étranger.

155. Ayant su que des lettres nouvellement reçues, et qui étaient moins des lettres de recommandation que des lettres de change, l'avaient entièrement gagné, je suivis le conseil des Syracusains, je me saisis par force de ces registres où tout était couché par ordre. Mais voici un nouveau trouble, une nouvelle contestation. Afin que vous ne crussiez pas que Verrès est absolument sans amis à Syracuse, sans hôtes, totalement dépourvu et délaissé, un certain Théomnaste, fou jusqu'à l'extravagance, se mit à retenir les registres : les Syracusains le nomment Théoracte. Il est si fou, que les enfants le suivent dans les rues, et qu'on se moque de lui dès qu'il commence à parler. Sa folie, assez comique pour les autres, me parut alors très-importune. Écumant de rage et les yeux étincelants, il criait de toutes ses forces que je lui faisais violence. Nous nous traînons l'un l'autre chez le préteur.

156. Là, je demandai qu'il me fût libre de sceller et d'emporter les registres en question. Le préteur, au contraire, dit qu'il n'y avait point de sénatus-consulte concernant l'objet de mon appel, et qu'il ne fallait pas me les livrer. Je lus la loi par laquelle on devait remettre à ma disposition tous les registres et toutes les pièces. Le furieux Théomnaste, au contraire, répliqua que nos lois ne le regardaient point. L'habile préteur dit qu'il ne permettrait pas que j'emportasse à Rome un décret qui ne devait pas être ratifié. Enfin, si je n'eusse fait de vives menaces au préteur, si je ne lui avais lu la loi expresse et les peines qu'il encourait par son refus, ces registres ne m'auraient pas été remis. Alors ce fou, qui s'était tant emporté contre moi en faveur de Verrès, voyant qu'il n'avait rien gagné, me donna, sans doute pour faire sa paix avec moi, la liste de tous les vols que Verrès avait faits à Syracuse, et dont d'autres personnes m'avaient déjà donné la connaissance et le détail.

LXVII. Soyez maintenant loué par les Messinois, qui, seuls d'entre tous les peuples de cette grande province, veulent vous retirer du précipice; mais qu'Héjus soit à la tête des députés, mais qu'en vous louant, ils soient toujours

erunt, mihi parati sunt respondere. Ac ne subito a me opprimantur, hæc sum rogaturus : *Navem populo romano debeantne?* fatebuntur. *Præbuerintne prætore C. Verre?* negabunt. *Ædificaverintne navem onerariam maximam publice, quam Verri dederunt?* negare non poterunt. *Frumentumne ab his sumpserit Verres, quod populo romano mitteret, sicuti superiores?* negabunt. *Quid militum, aut nautarum per triennium dederint?* Nullum datum dicent. Fuisse Messanam omnium istius furtorum ac prædarum receptricem, negare non poterunt; permulta multis navibus illinc exportata : hanc navem denique maximam a Mamertinis datam, onustam cum isto prætore profectam fatebuntur.

158. Quamobrem tibi habe sane istam laudationem mamertinam : syracusanam quidem civitatem, ut abs te affecta est, ita in te esse animatam videmus; apud quos etiam verrea illa flagitiosa sublata sunt : etenim minime conveniebat, ei deorum honores haberi, qui simulacra deorum sustulisset. Etiam mehercule illud in Syracusanis merito reprehenderetur, si, quum diem festum ludorum de fastis suis sustulissent celeberrimum et sanctissimum, quod eo ipso die Syracusæ a Marcello captæ esse dicuntur; iidem diem festum Verris nomine agerent, quum iste Syracusanis, quæ ille calamitosus dies reliquerit, ademisset. At videte hominis impudentiam atque arrogantiam, judices, qui non solum Verrea hæc turpia ac ridicula, ex Heraclii pecunia constituerit; verum etiam Marcellea tolli imperarit; ut ei sacra facerent quotannis, cujus opera omnium annorum sacra deosque patrios amiserant; ejus autem familiæ dies festos tollerent, per quam ceteros quoque festos dies recuperarant.

FINIS.

prêts à répondre aux questions que j'ai à leur faire. Pour ne point les surprendre tout d'un coup, voici ce que je leur demanderai : S'ils ne doivent point fournir un vaisseau au peuple romain? ils en conviendront. Ensuite, s'ils l'ont fourni durant la préture de Verrès? ils diront que non. En troisième lieu, s'ils n'ont point fait construire au nom et aux frais de la ville, un gros navire de charge dont ils ont fait présent à Verrès? ils seront forcés de l'avouer. Quatrièmement, si Verrès, comme ses prédécesseurs, a exigé d'eux une certaine quantité de grains, pour envoyer à Rome? ils ne pourront pas répondre affirmativement. Enfin, combien de matelots et de soldats ils ont fournis pendant trois ans? ils répondront : aucun. Ils ne pourront pas nier que leur ville fut le magasin et l'entrepôt des vols et des rapines de Verrès ; qu'il en est sorti quantité de rapines sur plusieurs vaisseaux ; qu'enfin ce gros navire donné par les Messinois, est parti fort chargé avec ce préteur.

158. Profitez donc de tous les avantages que vous pouvez retirer de cet éloge, je ne les combattrai point. A l'égard de la ville de Syracuse, nous voyons que ses sentiments répondent pour vous aux traitements qu'elle en a reçus ; ils ont aboli vos fêtes, monument d'infamie, et l'opprobre de leur ville : en effet, il ne convenait point du tout de faire participer aux honneurs des dieux le ravisseur de leurs statues. On serait assurément bien fondé à blâmer les Syracusains, si, après avoir ôté de leurs fastes une fête très-célèbre, très-solennelle, et accompagnée de jeux, parce que ce jour-là même Syracuse fut prise par Marcellus, ils laissaient subsister celle de Verrès, c'est-à-dire d'un homme qui les a dépouillés de ce qu'ils avaient conservé dans ce jour fatal. Connaissez, juges, toute l'impudence et la folle vanité de cet homme ; non-seulement il employa l'argent d'Héraclius à l'institution des *Verrines*, ridicules et infâmes solennités, mais il donna ordre d'abolir les jeux consacrés à l'honneur de Marcellus ; il y substitua des sacrifices annuels pour celui qui leur avait fait perdre les dieux pénates et leurs sacrifices, et fit ôter les jours de fête d'une famille qui leur avait conservé toutes leurs autres solennités.

FIN.

ON TROUVE A LA MÊME LIBRAIRIE :

Virgilii Opera, *latin-français*, traduction de R. Binet, revue par M. Lécluse; 2 vol. *in*-12.

Horatii Opera, *latin-français*, traduction de R. Binet, revue par M. Lécluse ; 2 vol. *in*-12.

Ovidii Metamorphoseon liber primus, *latin-français*, traduction de Dubois-Fontanelle, revue, etc. ; *in*-12.

Ovidii Metamorphoseon liber secundus, *latin-français*, traduction de Dubois-Fontanelle, revue, etc. ; *in*-12.

Terentii Andria, *latin-français*, traduction de Lemonnier, revue, etc. ; *in*-12.

Ciceronis oratio in Verrem de Signis, *latin-français*, traduction de Wailly, revue, etc. ; *in*-12.

Ciceronis oratio in Verrem de Suppliciis, *latin-français*, traduction de Wailly, revue, etc. ; *in*-12.

Ciceronis oratio pro Milone, *latin-français*, traduction de Wailly, revue, etc. ; *in*-12.

Ciceronis Somnium Scipionis, *latin-français*, traduction nouvelle, par M. Lécluse; *in*-12.

Ciceronis Tusculanarum disputationum libri V, *latin-français*, traduction de Bouhier et d'Olivet, revue, etc.; *in*-12.

Taciti Annalium liber primus, *latin-français*, traduction de Dureau de Lamalle, revue, etc. ; *in*-12.

Taciti Vita Agricolæ, *latin-français*, traduction de Barrett; *in*-12.

Plinii Panegyricus Trajano dictus, *latin-français*, traduction nouvelle, par M. Burnouf; *in*-12.

Narrationes ex Quinto Curtio, Tito Livio, Sallustio, Tacito, etc., excerptæ, *latin-français*, traduction nouvelle, par M. Vendel-Heyl; 2 vol. *in*-12.

Conciones ex Quinto Curtio, Tito Livio, Sallustio et Tacito collectæ, *latin-français*, traduction de Millot, revue par M. Prieur ; 2 vol. *in*-12.

www.ingramcontent.com/pod-product-compliance
Lightning Source LLC
Chambersburg PA
CBHW060153100426
42744CB00007B/1012